# I cuentos de Al-Ándalus
# Los amantes del Hamman

Shisca Luna

# I cuentos de Al-Ándalus
# Los amantes del Hamman

**I cuentos de Al-Ándalus: Los amantes del Hamman**
Shisca Luna

Editado por:
PUNTO ROJO LIBROS, S.L.
Cuesta del Rosario, 8
Sevilla 41004
España
902.918.997
info@puntorojolibros.com

Impreso en España
ISBN: 978-84-16439-41-6

Maquetación, diseño y producción: Punto Rojo Libros
© 2015 Shisca Luna
© 2015 Punto Rojo Libros, de esta edición

*¿Quién dice que el agua y el fuego son incompatibles?*
*Eso es, porque no conocen la historia de...*

Los amantes del Hamman

# Introducción

La deslumbrante luz andalusí, brilla sobre cada uno de los puestos del zoco, realzando con ello los coloridos tonos de las delicadas telas expuestas al público. Un mosaico formado por gentío, sabores, olores y colores en las calles más céntricas de la metrópolis, muestra la abundancia, riqueza y prosperidad de (*Qurtuba*) Córdoba, capital de Al-Ándalus, apodada "Perla de Occidente" por su esplendor y cultura, debido al más de un millón de habitantes, seiscientas mezquitas, trescientas mil viviendas, ochenta mil tiendas, setenta bibliotecas, una universidad, una escuela de medicina, otra de traducción, multitud de baños y un gran mercado en el que se comercia toda clase de artículos, por donde cada día, acuden cientos de personas ataviadas con sus mejores galas.

Turbantes, babuchas bordadas, velos sedosos, túnicas de seda con incrustaciones de pedrería y alhajas de oro, visten a los musulmanes. Junto a la kipá y simples prendas de los judíos, se suman los extravagantes sombreros, mayas, capas y ropajes aterciopelados de los cristianos, para pavonarse entre sí, del poderío adquirido gracias a la prosperidad que se ha acrecentado desde que Abderramán III gobierna el califato de Córdoba. Ejemplo de tolerancia y convivencia entre las tres culturas, siendo los musulmanes la clase dominante, gobernando con extrita severidad, una sociedad heterogenia y multicultural, convirtiéndola en el centro neurálgico musulmán de occidente, mientras que en la edad media, el resto de Europa estaba sumergida en las tinieblas de la ignorancia y la barbarie. No obstante en Al-Andaluz, las batallas internas por la típica lucha de poderes entre hermanos, afianza las tramas conspiratorias de secuestros y asesinatos.

Pero el gentío del zoco ajeno a toda esta confabulación, disfruta del díscolo ambiente mercantil, distrayéndose con las numerosas actuaciones de los malabaristas, músicos, poetas, juglares y literatos, a los que no les falta la inspiración en ésta mística tierra, para crear historias de amor, tan trágicas y apasionadas como la presente, con un final apoteósico e inesperado, en el que la justicia providencial dará a cada cual su merecido.

# I

Olivia una joven cristiana nacida libre abocada a la esclavitud, medio ocultaba su cándida belleza bajo un velo blanco, adornado por un aro dorado posado sobre la frente, dejando entrever por su cuello de cisne una melena rizada de la misma tonalidad que el tocado. Paseaba su figura envuelta en un vestido turquesa amplio, sujeto con uno lazo rojo entrelazado desde el pecho a la cintura, perfilando con elegancia su sensual silueta.

Circulaba por el zoco acariciando la suavidad del satén que colgaba entre los telares, aspiraba el aroma a especias, y sucumbía con la fragancia de los perfumes cerrando los ojos, para disfrutar exclusivamente del sentido olfativo, protegida por la libertad que gozaba al ser una mujer andalusí, algo inaudito en tierras colindantes, donde las mujeres no solo se veían abocadas a la ignorancia cultural, sino también a restricciones machistas en la cotidianidad de sus actos. Mientras en Al— Ándalus, se les permitía deambular libremente, leer, escribir y practicar algunos oficios reservados a los barones.

Los mercaderes, vociferaban al viento con pujante competitividad la calidad de sus productos, cambiando de registro, para convertirlas en piropos al paso de Olivia, que intimidada por este hecho, se acercó ruborizada al puesto de las especias para comprar el jengibre, la canela y el curry necesarios para aliñar el cordero.

—Gracias señorita por su compra, tenga buenos días —dijo el comerciante agradecido. Ésta, le devolvió el saludo con una leve sonrisa que derretía los sentidos de todo aquel al que se la regalaba.

Tras comprar los frutos secos, el pescado desalado y la miel que endulzaría los pastelitos, salió del zoco con serenidad, dirigiéndose hacia la zona sur de la medina, donde se halla el barrio de la judería para recoger el último recado, un rabel, instrumento similar a un violín encargado por su ama, una mimada joven musulmana en edad casadera, hija de un rico y astuto comerciante muladí. Un cristiano convertido al islam por interés, para beneficiarse de las leyes árabes, en las cuales se le eximia a los conversos de pagar los impuestos, que se les exigía a los cristianos por practicar su religión.

Olivia, caminaba abstraída por la estrechez de las encaladas y concurridas calles cordobesas, que mostraban todo su esplendor floral con macetas de geranios, claveles y buganvillas, colgando a raudales entre las negras rejas de balcones y ventanas, pugnando en belleza y frescor, con una explosión de colores en el mes favorito de las flores, cuando sus oídos, percibieron la cercanía de un caballo a galope. Buscó con la mirada su procedencia y cegada por la intensa luz andalusí, no vio que se le echaba encima. De repente, al cruzar la callejuela, fue embestida bruscamente por un joven musulmán a lomos de un caballo.

Tumbada en el empedrado del suelo, sintió unos golpecitos en la mejilla, que le desvaneció las brumas presentes en el subconsciente.

—¿Estás bien? Lo siento no te había visto —se disculpó Salem preocupado.

Al abrir los ojos, impactó en su visión un magnifico ejemplar equino de raza árabe. Guiada por el profundo sonido de la masculina voz, Olivia desvió la mirada dispuesta a enfurecerse con el joven, por la tropelía que casi acaba con ella. Pero al hacerlo, se vio reflejada en el cristalino azabache del caballero, y al enfocar la visión, sus miradas clara y oscura, penetraron profundamente en sus almas inundándolas de euforia, sacudiéndolos con un latigazo apasionado.

Olivia, obvió todo el odio que sentía anteriormente al flechazo, cuando notó el calor del caballero rodeándola para incorporarla, agitándose al advertir los fornidos brazos de Salem alzándola por la cintura, como si de una pluma se tratara. Aquella fuerza descomunal mostrada por el atractivo caballero, le derritió la razón y la ira.

El cálido y mullido cuerpo de la doncella, estremeció la sensibilidad de Salem al sentirla tan frágil y tierna, tambaleándose al inspirar el femenino aroma a jazmín, que penetró profundamente en él distorsionándole los sentidos. Al sostenerle la mirada, los ojos de Olivia transparentes como la miel, dueños de las pestañas más largas que jamás había visto, lo cautivaron para siempre.

Asustada por los sentimientos que Salem había despertado en ella, rechazó su ayuda y salió corriendo de allí sin mediar palabra, caminando con pasitos puntilleros que agraciaban su esbelta figura. Al girarse para comprobar si el caballero permanecía en el mismo lugar, se dio de bruces con su ardiente mirada, provocándole un frenesí en el vientre que la volvió a estremecer.

Olivia, al corresponderle con una tímida sonrisa picarona, prendó al joven. Salem encantado por la doncella, permaneció observándola marchar, hasta que ésta giró la siguiente esquina, donde, antes de desaparecer tras la pared, se volvió para mirarlo, pero esta vez los ojos de Olivia mostraban una invitación de amor, que el caballero entusiasmado, recogió como un mensaje de bienvenida con una gran sonrisa de satisfacción.

Ajenos a los curiosos testigos del enamoramiento, siguieron sendos caminos, con el agradable recuerdo de sus respetivos rostros y el recién descubierto sentimiento del amor, que latía en sus corazones más vivo que nunca.

Olivia continuó caminando en la inopia, ignorando los viandantes que circulaban a su alrededor, recordando la hermosa figura del caballero y con la incertidumbre de saber más sobre él ¿Quién será? ¿De dónde vendrá? ¿Dónde irá? Se preguntaba.

Cuando llegó a la judería para recoger el rabel, aún no se había percatado de que alguien la seguía. Entró pensativa en un local que olía a maderas y barnices, donde las paredes inmaculadas estaban cubiertas de instrumentos musicales.

—¡Buenos días tenga usted! —Saludó Olivia alegremente.

—Buenos días ¿Qué desea hermosa joven? —preguntó el viejo tendero judío con amabilidad, luciendo su mejor sonrisa bajo un colorido kipá de rayas en la cabeza, contrastando con el sobrio caftán negro que vestía.

—Vengo a recoger el rabel que mi ama le encargó el mes pasado.

—¡Ah sí, ya recuerdo! Una bella musulmana llamada Soraya, hija de un próspero comerciante. Es la única que lo ha encargado.

—Sí, así es ¿Está hecho ya? Mi ama está ilusionada por estrenarlo.

—Sí ya está terminado se lo puede llevar cuando... —El tendero miró por encima del hombro de Olivia para observar receloso el niño que entró por la puerta —¿Qué quieres niño? —preguntó irritado.

Olivia se giró para ver cómo el chiquillo moreno de ropas humildes, huía del lugar, con un zurrón mugriento y sandalias de esparto estropeado, dejándole un mensaje con la mirada, que Olivia no comprendió.

—No te puedes fiar de estos niños criados en la calle de la mano de Dios. Merodean en busca de cualquier cosa que les beneficie para subsistir —dijo el tendero con desdén.

—Pobrecillo, seguramente no tendrá unos padres que le cuiden —Contestó Olivia compasiva.

—Puede ser, pero ese no es mi problema, yo ya tengo bastante con cuidar de mis doce hijos.

—Sí, tiene usted razón, doce hijos son muchos, pero quizás entre todos podíamos cuidar a los más desfavorecidos como manda la ley de Dios. Todos en nuestras distintas creencias alabamos al Señor, pero en realidad no cumplimos su ley, amar al prójimo como a uno mismo. —Añadió Olivia dando un toque reflexivo a la conversación.

—Tienes razón chiquilla, pero ten mucho cuidado donde dejas caer tus opiniones, es muy peligroso usar la palabra de Dios en vano, en este tiempo que nos ha tocado vivir, plagado de fanatismo y envidia —contradijo el tendero.

—Usted sabe como yo, que la ley de Dios es infringida continuamente, y mucho más por los poderosos, que la utilizan según les convenga —contestó Olivia indignada.

—¡Anda... anda chiquilla, vete de mi humilde comercio con tus palabras blasfemas, que no quiero tener problemas!

El comerciante arreó a Olivia hacia la salida mirando con nerviosismo y desconfianza hacia su alrededor, para asegurarse que los oídos del resto de clientela, una esclava mozárabe, dos señoras musulmanas y dos jóvenes músicos, miraban los instrumentos ajenos a la conversación. Le entregó el rabel en la calle, y le dio un sabio consejo cargado de buena voluntad.

—Niña, cuando quieras abrir la boca que sea para besar, no dejes que salga por ella el odio hacia los demás.

Olivia se giró furiosa, pero no con el comerciante que le había dado buenos consejos, si no con todos los que consentían la miseria de las personas. Mientras unos vivían en la opulencia y el despilfarro, otros a duras penas sobrevivían el día a día, perseguidos por el hambre y la necesidad. Pero el enfado le duró, lo que la brisa primaveral tardó en envolverla con el aroma varonil del caballero. Buscó la procedencia del perfume, pero nadie alrededor tenía parangón con aquel hombre que la había hecho estremecer.

Comenzó a recordar su sonrisa inmaculada, sus intensos ojos negros almendrados, guardando una perfecta armonía con sus finas facciones, y sobre todo, la fuerza con la que la alzó. A cada paso que andaba, un suspiro la acompañaba. Y paso a paso, suspiro a suspiro, caminó hacia el barrio de la Medina norte, donde llegó a la gran casa señorial en la que servía, casi sin darse cuenta.

Salem, la había seguido a hurtadillas hasta el portal, y una vez hubo entrado Olivia al zaguán de elaborados azulejos con tonos azules y amarillos, se alejó hacia la calle contigua, donde el niño andrajoso con sandalias de esparto, le esperaba para obtener la recompensa por haberle servido de guía.

—Toma, un dinar, un trato es un trato. Si te quedas para vigilar a la doncella te daré una de estas —señaló la moneda— cada vez que me traigas noticias suyas.

—No se preocupe señor, lo haré. Quizás no tenga suficientes monedas para todas las misivas que le van a llegar —dijo el niño con ironía y una sonrisa picarona, que Salem aceptó con agrado removiéndole el pelo cariñosamente.

—Te espero en mi casa, y si yo no estoy, le das la noticia a mi sirviente y nadie más. Sígueme para que sepas donde vivo y quien es mi hombre de confianza.

Ambos anduvieron una corta distancia, cuando el niño guiado por la curiosidad, se atrevió a ironizar con Salem.

—¡Vaya... vaya... veo que la doncella a calado fuerte en usted! —Bromeó el chiquillo. Salem negando con la cabeza, rió sorprendido por la gracia y las libertades que aquel niño tan dicharachero se estaba tomando, sintiendo una repentina curiosidad por él.

—¿Cuántos años tienes niño? —Preguntó mientras caminaban hacia la cuadra de una posada donde había albergado su caballo.

—No lo sé señor, mi madre murió de parto y mi padre me entregó como pago de una deuda a un rufián que traficaba con alcohol. Pero la mujer que me ha criado me llamaba Junio. Ella decía que tenía ocho años, pero de esto hace aproximadamente dos, así que tendré unos diez u once años. Yo no me molesto en contarlos.

—¿Y qué le pasó a la mujer que te crió?

—Le resulto irresistible eh... —volvió a ironizar el niño. Salem le dio un cariñoso coscorrón de golpecitos para increpar con ironía la impertinencia, que tanta gracia le había hecho.

—Laila murió de una enfermedad contagiosa, por eso a mí nadie más me quiso cuidar, por temor a que yo fuera portador del mal. Pero me he ido apañando bien, siempre da lástima un niño rezando cerca de la mezquita pidiendo limosna. —Contestó Junio con franqueza.

—Pues estás muy espabilado para tu edad. No me extraña si has tenido que buscarte la vida tu solo —dedujo Salem por la sabia respuesta de Junio. —¿Y dónde vives ahora? —preguntó queriendo profundizar más en su historia.

—El dueño de una posada, permite que me aloje en la cuadra con las bestias a cambio de mantenerla limpia. En invierno se está calentito, y ahora en primavera, me subo al tejado para dormir al frescor del raso mirando las estrellas todo el verano, imaginando cómo se ve el mundo desde tan alto, hasta que me duermo pensando en el por venir. Hay hombres que quieren hacerme esclavo, pero nunca me atrapan, porque sé todos los escondites de Córdoba. Prefiero ser libre, antes de tener un techo y una comida al día. He visto como maltratan a los eslavos, y no quiero ser uno de ellos. Aunque tengo entendido que dos esclavos en la corte son consejeros del califa, y éste atiende todas sus peticiones porque han sido los encargados de criarlo como si fuera su propio hijo.

Salem escuchó atento al niño, desconcertado por las razonables palabras, teniendo en cuenta su poca edad.

—Y... ¿Cómo sabes tú eso? —Preguntó Salem desconcertado.

—Porque vivo en la calle donde se oyen toda clase de habladurías—. Salem observó fascinado a Junio asombrado por la inteligencia del niño, mientras se aproximaban a su destino.

—Bien ya hemos llegado. Aquí es donde dejé mi caballo.

—Pues qué casualidad, aquí es donde duermo yo —respondió Junio.

Salem observó la cuadra, y tal y como Junio comentó, estaba limpia y cuidada. Pero no dejaba de ser una cuadra.

En su insoldable bondad, Salem necesitó ayudar al niño, su conciencia no le permitía consentir que aquel pobre descarriado que le había sacado una sonrisa, viviera como los animales, así que le hizo una propuesta.

—¿Quieres ser mi sirviente y no mi esclavo?

Junio incrédulo por tan amable proposición, se quedó paralizado.

—Y... ¿Qué diferencia hay? —preguntó dudoso el niño. Salem aclaró sus dudas con una sencilla explicación.

—Los sirvientes son libres de escoger si quieren trabajar a cambio de un sueldo. Mientras los esclavos están obligados a hacerlo gratis, y obedecer todas las exigencias que su amo le ordene.

—¿Eso quiere decir que viviré en tu cuadra y comeré todos los días, además de las monedas por vigilar a la doncella? —Preguntó Junio emocionado.

—Sí. Pero dormirás en una alcoba propia con una cama y sábanas limpias. Añadió Salem.

—¡Bien, bien! ¡Gracias, gracias señor! ¡Gracias! Sabanas limpias... —dijo Junio abrumado—. Todavía recuerdo el olor del jabón en las sabanas con las que Laila vestía mi cama.

—Dime ¿Tú que eres, musulmán, cristiano o judío? —preguntó Salem afectuosamente.

—No lo sé. Laila era cristiana, pero yo no estoy bautizado. Así que seré lo que usted quiera —contestó Junio emocionado por la buena ventura que se había cruzado en su camino.

—Yo quiero que seas buena persona, y como persona libre, decidas lo que quieras ser.

Junio agarró las manos de Salem para besarlas en agradecimiento, pero éste lo rechazó.

—¡No quiero que me beses las manos! —dijo irritado porque consideraba ese hecho un acto denigrante—. Si me lo quieres agradecer, tráeme noticias de la joven doncella, todo lo que puedas averiguar y más —solicitó Salem.

—No se preocupe señor, voy a ser el trovador que narre todos los pasos de la doncella.

El niño de carita picarona, con la gracia natural que lo caracterizaba, no paraba de hacer reír a Salem con sus razonamientos, mientras éste, llenó los pulmones de aire, satisfecho por su decisión.

—Pero dormirás en una cama limpia con una condición —exigió Salem.

—¿Cual? —Preguntó Junio dubitativo, temiendo lo peor, porque no estaba acostumbrado a la bondad de los hombres.

—Te lavarás todos los días como hacemos los musulmanes, si no, no dormirás en mi casa. A nosotros nos gusta purificarnos a diario, en contra de las costumbres cristinas que solo lo hacen cuando la mugre le pica en el cuerpo.

—Sí señor, me lavaré todos los días si usted me lo pide —contestó aliviado— Señor... ¿Usted cómo se llama? —preguntó Junio con curiosidad, por saber el nombre de quien sería para él, la imagen que pondría en su mente como padre.

—Yo nací en marzo, pero me llamo Salem.

Además ¿Sabes lo que te digo? Te prohíbo que me llames señor, a partir de ahora, serás el segundo sirviente que permitiré llamarme simplemente Salem ¿De acuerdo? —Dijo tendiéndole la mano al niño.

—De acuerdo Salem —contestó Junio con la boca llena de satisfacción. Ambos unieron sus diferenciadas manos, para sellar el trato amistoso al que habían llegado de mutuo acuerdo.

Salem montó en su magnífico caballo árabe con la natural gallardía que le caracterizaba, asombrando a Junio dejándolo boquiabierto por la elegancia del caballero, e ilusionado, por convertirse cualquier día en su fiel reflejo.

Éste bajó la mirada hacia el niño, y al advertir el gesto de admiración hacia su persona, le tendió la mano para alzarlo junto a él. Junio visiblemente emocionado, aceptó la invitación, sujetó con ambas manos el brazo de Salem, y éste lo alzó en volandas para dejarlo tras de sí a lomos de su caballo. Con las manos sujetas en la cintura de su benefactor, y la mejilla apoyada en su espalda, Junio sonrió complacido al sentirse protegido.

# II

Olivia al atravesar la amplia galería encargada de distribuir todas las estancias de la casa, fue observada con furia por su joven ama, que la estaba esperando impaciente en las amplias escaleras de mármol blanco procedente de Macael. El semblante arisco de la joven reflejaba su personalidad, ni siquiera la belleza superficial de su cuerpo moreno y majestuoso, disimulaba un interior tan negro como su larga melena. Olivia, al percatarse de la ira en la mirada esmeralda de su ama, borró el gesto embelesado que la había acompañado desde que conoció a Salem, y comprendió que sería castigada.

—¡Esclava infiel! ¿Dónde has estado? ¿Por qué has tardado tanto? ¿Deberías haber llegado hace un rato? —Vociferó Soraya, mientras abofeteaba a Olivia en la cabeza, que aguantaba estoicamente los golpes por temor a represarías peores.

—¡Dámelo! —dijo Soraya sustrayendo el rabel con fuerza de entre las sufridas manos de Olivia.

—¡Y ahora vete a la cocina, que es tu lugar, perra apestosa! —Gritó Soraya a Olivia ofendiéndola.

Olivia se alejó hacia la cocina, irritada por otra humillación más a las que no lograba acostumbrarse. Desde que llegó a la casa en calidad de esclava con solo trece años como moneda de cambio, por unos terrenos conquistados a los cristianos, siempre tuvo a Soraya de enemiga. A pesar de que Olivia se desvivía por agradar a su ama, ésta, jamás mostró un atisbo de cariño hacia ella.

Los sirvientes murmuraban que tal vez viera en Olivia una enemiga en un futuro lejano, por su belleza y buenas maneras, nacida y educada en una poderosa familia de la nobleza cristiana de tierras salmantinas, caída en desgracia a causa de la conquista que Abderramán inició para apoderase de toda la península ibérica. Repartiendo sus bienes a los musulmanes si los cristianos no aceptaban la conversión, respetando sus vidas junto con los judíos, por ser gente del libro sagrado. La familia de Olivia no renegó su religión y Abderramán los dividió por distintos puntos de la península como esclavos, después de despojarlos de sus posesiones, obteniendo por ello jugosos beneficios. Mientras Soraya solo era hija de un rico comerciante sin título nobiliario, siendo esta condición lo que más anhelaba.

Atravesó indignada el patio central de la casa encargado de iluminar todas las habitaciones colindantes, perfumándolas con las fragancias de las flores frescas que colgaban de macetas por toda la pared, ignorando nueve miradas curiosas lanzadas por las esposas del comerciante, que se reunían en el gran patio para intercambiar reflexiones al frescor del ambiente, relajadas en los divanes, mientras sus hijos pequeños correteaban libremente custodiados por las criadas.

Fátima, la oronda y bonachona cocinera muladí, con un pañuelo estampado floral envolviéndole su pelo castaño claro, pincelado con las canas de la cincuentena, estaba esperando a que llegara con las especias.

—¿Qué te pasa chiquilla que traes la cara descompuesta?

—¡Te juro que no la soporto! ¡Es injusto tener que soportar tanta humillación! ¡La muy bicho me acaba de bofetear, yo que venía tan contenta!

—Pero... ¿Por qué?

—¿Por qué... qué, Fátima?

—¿Por qué has llegado tarde?

—¡Ni siquiera ha sido culpa mía! ¡Estoy viva de milagro!

Fátima dejó la pierna de cordero que tenía entre manos limpiándoselas con un inmaculado paño blanco, para atender a una enfurecida Olivia.

—¿Cuéntame, que te ha pasado?

—Me dirigía hacia la Judería para recoger el rabel, cuando un enorme corcel me embistió —contestó Olivia con el rostro acongojado.

—¡Oh! Y ¿Te has hecho daño? —preguntó Fátima preocupada.

—Sí, muchísimo.

—¿Dónde criatura? ¿Dónde te duele? —dijo Fátima palpando el cuerpo de Olivia buscando una herida.

—No, no busques en mi cuerpo, no es ahí donde está el golpe.

—¿De qué hablas niña? ¡No te comprendo! Si no es el cuerpo lo que te duele... ¿Dónde entonces?

—En el alma, Fátima. El corazón es lo que me duele —dijo con un suspiro.

—No le hagas caso al ama, no sufras por los golpes que te da, es la envidia que tiene por tu dulzura y buena educación, lo que hace que se porte así de mal contigo.

—No, Fátima no divagues, no es por culpa del ama. Ojalá fuera eso... —Olivia volvió a suspirar.

—¡Pero chiquilla dime ya lo que es, que estoy en ascuas!

—Me he enamorado de alguien lejos de mi alcance—. Soltó Olivia de golpe dejando a Fátima estupefacta esperando una explicación.

—Cuenta, cuenta —susurró para esquivar los oídos de las esposas, desplazando una silla de anea cerca de Olivia y prestarle toda su atención, porque la situación se tornó muy emocionante.

Las dos se posicionaron una frente a la otra, sentadas bajo a luminosidad del ventanal, por donde se colaba todo el frescor aromático del celindo, las alegrías y el rosal carmesí que trepaba por la pared frontal.

—Fátima he conocido a un joven musulmán de la forma más impactante que podía suceder —dijo Olivia sujetando las manos de su vieja amiga, observando cómo las pupilas marrones de ésta se dilataban por la sorpresa.

—¿Que... é? —expresó Fátima asombrada.

—Como te iba diciendo... de la forma más impactante, porque me he enamorado del caballero que me embistió con su caballo.

Fátima increíblemente enmudecida, porque su estado habitual es de charlatana, parpadeaba inquietante mirando a Olivia demandándole más información.

—Oh... Fátima, cuando he visto sus ojos negros reflejando mi rostro en su brillo, me quedé muda de amor. Al escuchar la gravedad de su voz, deje de oír todo a mí alrededor, para dejarme llevar por el ronco eco de su sonido. Pero lo mejor de todo, fue cuando me agarró con sus fuertes brazos para incorporarme, y al sentir la dureza de sus músculos, me dio un escalofrío bochornoso que me provocó cosquillitas... aquí abajo —dijo Olivia avergonzada, señalando sus partes más íntimas— además creo que incluso me he mojado —añadió.

Fátima estalló en carcajadas al escuchar la última frase, tapándose los deteriorados dientes amarillentos que solía ocultar con las manos.

—No te rías, no tiene gracia, estoy sufriendo mucho porque ya no dejo de pensar en él. La ignorancia hace que las dudas me corroan por saber todo sobre ese hombre —dijo Olivia alterada.

—Pero si no me rio —contestó Fátima con sarcasmo disimulando las risas.

—No..., no te ríes... entones eso que estás haciendo que es ¿Llorar?

Ironizó Olivia.

Esa última palabra, fue el detonante para que Fátima, reventara con carcajadas que salían de su garganta a borbotones, contagiando a Olivia, que se sumó a ellas dando rienda suelta al nerviosismo que llevaba acumulado en el cuerpo. Las dos mujeres rieron durante unos minutos llenando la estancia de risotadas, hasta quedar exhaustas.

—Vale, vale ya... prosigue... que hemos despertado la curiosidad de las esposas y nos van increpar por divertirnos —solicitó Fátima limpiándose las jubilosas lágrimas con el delantal. Pero las esposas estaban tan relajadas que obviaron la situación.

—¿Qué es lo que me sucede Fátima? —preguntó Olivia preocupada mirando de soslayo a las mujeres.

—Es muy sencillo lo que te sucede. Has descubierto la pasión del amor con ese hombre enamorándote de él. Y... ¿Tú qué hiciste? —preguntó Fátima preocupada.

—Me asusté tanto de esa sensación tan intensa, que huí de allí sin pensar. Pero temerosa porque fuera el final de algo bonito, me volví para verlo otra vez ¡Oh Fátima...! —suspiró Olivia—. Si hubieras visto cómo su mirada penetró en mí cuando me giré, sentí que me desnudaba con ella. Y... y... —titubeó Olivia emocionada— me sentí tan dichosa que le correspondí con un gesto pecaminoso —añadió avergonzada.

—Ay... Fátima... ¡Qué triste estoy! No sé cómo voy a seguir viviendo con la incertidumbre de volverlo a ver.

—No te preocupes cariño, si ese hombre es para ti, Alá te lo dará.

—Dios te oiga Fátima, Dios te oiga.

Las dos mujeres, una muladí, de creencia musulmana, más otra mozárabe, de creencia cristiana, se unieron en un confortable abrazo amistoso, haciendo honor a la conjunción de la principal ley de ambas religiones, amar al prójimo.

# III

—Ya hemos llegado —concluyó Salem.

Junio observó las dos enormes palmeras que flanqueaban el edificio ofreciendo sombra al exuberante jardín, que se anteponía a la fachada encalada, con perfiles de mármol rojo en los quicios de ventanas y puertas de la casa palaciega.

El postigo de entrada hacia las cuadras, se abrió sin tener que esperar a llamar, porque los sirvientes con bombachos y camisa gris bajo un chaleco azul, estaban siempre alerta esperando la llegada del dueño y señor de la casa. Atravesaron el enorme pasillo a lomos del caballo hasta llegar al patio empedrado, un piso muy apropiado para los cascos de los caballos, donde se encontraba los abrevaderos para las bestias.

Uno de los tres sirvientes que salieron a recibirlos, se dirigió directamente hacia Salem, percatándose del gesto contrariado con el que éste había llegado.

—Bienvenido Salem —saludó el enorme sirviente de casi dos metros de altura, fornido, cojo de la pierna izquierda, con una herida vertical desde la frente hasta la mejilla que le atravesaba el ojo, mostrándolo encogido por un leve abultamiento morado, más unas barbas pardas desaliñadas que cubrían un rostro cuarentón —¿Se puede saber qué ocurre, te noto algo alterado? —preguntó el gigante con voz gutural, que de haber sido un poco más enérgico, se hubiera parecido al rugido de un león.

—Entremos —propuso Salem— este no es lugar para esta clase de conversación.

Hassan caminó cojeando al lado de Salem al que sacaba una cabeza de altura, circunstancia que sorprendió a Junio porque los sirvientes tenían el deber de posicionarse tras sus patrones.

Al entrar, comprobó que la estructura de la casa coincide con el resto de viviendas andalusíes, compuesta por un gran patio central, donde el verdor de las plantas refresca las calurosas temperaturas del sur. Una galería que repartía las estancias presidida por una gran escalera. Pero lo que más le sorprendió, fue las figuras de los hombres y el mobiliario, reflejados en el mármol negro del brilloso suelo.

Subieron las lujosas escaleras de alabastro blanco, para dirigirse hacia una de las estancias superiores, donde la imaginación de Junio se deslizaba por la enorme baranda de hierro forjado. La alcoba de Salem, reflejaba la personalidad de su inquilino, sencilla, de buen material y sin ostentaciones.

—Hassan... Hassan... —negó Salem con la cabeza, dando signos de preocupación—. El califa me ha pedido que contraiga matrimonio con una joven de la nobleza musulmana, para establecer el reino en el sur. Al parecer se están alzando voces en el círculo aristócrata sureño, que pretende revolucionar el reino, porque no están de acuerdo con el despotismo que

Abderramán gobierna. Y como estrategia, ha decidido usar el matrimonio de uno de sus consejeros militares con la hija del cabecilla, así el califa aseguraría el reinado por ese territorio.

—¡Pero es magnífico que te haya elegido a ti, sabe que eres su mejor general, le has demostrado tu lealtad en innumerables ocasiones, y has acatado sus órdenes ciegamente sin rechistar! Así que... dime ¿Cuál es el problema?

—Que precisamente hoy, me he enamorado otra mujer.

—No importa, tomadla también como esposa.

—No puedo —suspiró Salem— es cristiana... —dijo bajando la mirada rendido.

—No pasa nada, no está bien visto pero al fin y al cabo somos libres de escoger —añadió Salem mientras Junio prestaba toda la atención al dialogo.

—No es tan sencillo Hassan, si me caso con una cristiana, sería un mal ejemplo para los nuestros, el detonante perfecto para disputas entre nosotros los musulmanes conservadores y los segreguistas. Abderramán no lo consentiría. Nos mataría antes de poner el reino en peligro.

—Y... ¿Se puede saber quién es la joven?

—Es una esclava cristiana, la mujer más bella que mis ojos han visto jamás. Venía cabalgando abstraído por la petición del califa, y no la vi cruzarse en mi camino.

—¡Me estás diciendo que la has atropellado!

—Sí, aunque ella no ha sufrido daños. Yo en cambio, tengo herida el alma. Siento que necesito tenerla siempre a mi lado desde que la abracé. Cuando la sujeté para incorporarla, mi cuerpo crujió al tocar su mullida carne, al oler su aroma casi me desmayo por la intensidad con la que penetró en mí, pero mi perdición fueron los ojos, su mirada reflejaba la claridad de su alma, y la candidez de su rostro alineaba sus facciones en una armonía perfecta. Antes de perderla de vista, me lanzó una sonrisa que me sacudió el cuerpo, y quiero creer que antes de desaparecer, sus ojos me ofrecieron permiso para cortejarla.

—Pues sí que te ha embrujado esa joven —dijo Hassan.

—Eso mismo le he dicho yo —añadió Junio.

—Y... ¿Éste quién es? —preguntó confuso el grandullón.

—Este es Junio —respondió Salem posando su mano sobre el hombro del niño.

—¿Y qué hace aquí? —Preguntó Hassan sorprendido.

—Lo he contratado. Estaba siendo testigo junto con otras personas más de la colisión que tuve con la joven. Cuando ella se marchó me quedé desalentado, y verlo a él, pensé que sería mi salvación. Le pedí que la siguiera de cerca para guiarme por donde iba, mientras yo alojaba al caballo, para seguirla después gracias a las indicaciones de Junio. Por eso, a partir de ahora, será el encargado de mantenerme informado de todo lo que acontezca referente a la doncella, y en mi ausencia, te comunicará exclusivamente a ti las noticias que deriven de ella. Y nada más que eso. No tendrá encomendada ninguna labor en la casa, posiblemente estará casi todo el día siguiéndola, y cuando regrese, será bien recibido y alimentado ¿De acuerdo Hassan?

—Entendido Salem. No sabes la suerte que has tenido Junio, al encontrarte en el sitio justo en el momento perfecto. Salem es una buena persona no le falles —dijo Hassan sonriéndole.

—Por eso le estoy muy agradecido, y voy a hacer todo lo que pueda para agradarlo —contestó el niño.

—Eso está bien. Aquí tendrás un buen por venir si te lo labras —sugirió Hassan, asentando con la cabeza.

—Y así será —añadió Salem. Por el momento me agrada su naturalidad, y no me gustaría que eso cambiara porque es divertido escucharlo. Cuando tan triste estaba, me hizo sonreír.

Los dos adultos observaron un instante a Junio, añorando la inocencia de la infancia.

—Y... ¿Para qué quieres seguirla, si no vas tenerla? —Preguntó Hassan interrumpiendo el silencio.

—Porque necesito saberlo todo de ella. No sé por qué, en mi interior albergo la esperanza de estar juntos algún día—. Contestó Salem ilusionado.

—Pues opino, que sí hay esperanza para estar juntos —añadió Hassan. Salem frunció el ceño sorprendido, demandando una aclaración con la mirada.

—No creo que el califa se oponga a que la tomes como segunda esposa, su madre ha sido de la misma condición que tu doncella, una esclava cristiana.

—Eran otros tiempos, entonces el califato estaba dividido en emiratos donde se enfrentaban musulmanes y bereberes, incluso en la familia del califa había rencillas.

Muhamad padre de Abderramán, fue condenado a muerte por su propio padre el emir Abd Allah, inducido por las pruebas de alta traición, que su otro hijo Al-Mutarrif lanzó sobre su hermanastro, guiado por la animadversión que sintió cuando Abd Allah otorgó el poder a Muhamad, hijo de una esclava, en vez de a él, hijo de una noble, dejándolo huérfano a los veinte días de haber nacido. Poco después su abuelo y padre de ambos hermanos, asesinó a Al-Mutarrif para asegurar que el trono no cayera en sus manos, cuando supo que las pruebas por las que condenó al hijo con más méritos propios, eran falsas.

A pesar de tener más hijos, consagró sus esfuerzos en la educación de su nieto Abderramán, para prepararlo como heredero y consolar su conciencia por haber asesinado a ambos hijos, en pro del poder y bienestar de su pueblo.

Además a Abderramán le ha costado mucha sangre en las armas, unificar la herencia de unos emiratos decadentes, autoproclamándose califa, líder espiritual y terrenal de los musulmanes en occidente, rompiendo lazos con el califato abasida de Bagdad, para consolidar Al-Ándalus, cómo el califato más próspero de todos los tiempos en occidente. Abderramán no dejará al azar que cualquier chispa explote después de todos los esfuerzos conseguidos, por muy insignificante que sea, y yo no seré quien la encienda.

Un silencio sepulcral se hizo en la estancia, donde se respiraba la frustración por las dudas y la inquietud del futuro.

—Pero para eso está aquí Junio, para ilusionarme con las noticias que traiga de mi amada —dijo Salem animando el ambiente.

Junio se irguió orgulloso de la responsabilidad que se le había encomendado, deseoso por cumplir su cometido.

# IV

Ese mismo día, después que se hubo aseado, vestido de estreno y alimentado, Junio se fue a jugar frente a la casa donde vivía Olivia. De vez en cuando husmeaba por las ventanas, y a veces, algunos niños se unían a él en el juego, camuflándose entre ellos para pasar mucho más desapercibido, nadie imaginaría que un niño estaría espiando.

Sobre las seis de la tarde, su juego se interrumpió porque Olivia salió de la casa tras su ama, para dirigirse hacia el hamman. Allí frente a las puertas del mismo, estuvo actuando con la misma estrategia infantil, hasta que dos horas después, las mujeres volvieron a salir para ir directas a su domicilio. Junio cansado de jugar se arrinconó bajo un naranjo, para observar todo a su alrededor hasta quedarse dormido. Al despertar, ya había anochecido, y la culpabilidad se apoderó de él. Las dudas sobre qué había pasado en ese tiempo ausente, le irritaba, así que para asegurarse que Olivia aún continuaba en la casa, tocó a la puerta. Una mujer muy mayor pasada como las uvas, con un pañuelo blanco anudado tras el cuello, la abrió.

—¿Qué quieres pequeño? —preguntó la amable anciana.

—¿Está la esclava cristiana?

—¡Olivia! ¿Para que la quieres? —pregunto curiosa la mujer.

—Vengo a darle un mensaje.

La anciana accedió a su petición porque no vio peligro alguno en un niño enclenque y debilucho.

—Espera aquí le diré que venga.

El nerviosismo se apoderó de Junio porque no sabía qué hacer. Le dio mil vueltas al cerebro pensado en una excusa, cuando Olivia se plantó frente a él.

—Dime pequeño ¿Qué ocurre? ¿Para qué me quieres?

—Perdone, no es a quien tengo que dar el mensaje. Me he equivocado.

Junio salió corriendo de allí, dejando a Olivia plantada.

—¿Qué quería ese niño? —preguntó la anciana.

—Nada, se ha equivocado. Aunque creo haberlo visto antes —dijo Olivia pensativa.

Junio siguió tras ella día tras día, y por la noche, comunicaba a Salem que permanecía expectativo, todos los pasos andados por Olivia. Cada jornada la joven realizaba diferentes tareas, excepto que todas los viernes, visitaba el hamman junto a su ama, en el horario establecido solo para las féminas.

Salem desde que supo el nombre de su amada, lo repetía mentalmente cada instante deseoso de pronunciarlo ante su propietaria, y puesto sobre aviso por Junio, fue a las puertas del hamman a la hora indicada, con la misma ilusión de un jovenzuelo solo para verla.

Había pagado al verdadero jardinero por servirse de su indumentaria, a éste, le venía muy bien, no solo porque descansaba dos horas, sino que además le pagaban por ello. Así, camuflado bajo una gran capa parda encapuchada, para parecer un humilde trabajador que arreglaba el jardín del lugar, esperaba paciente la llegada de su amor.

Entretenido en un arbusto de adelfa cargada de flores blancas con las tijeras de podar, ocupó el tiempo de espera, hasta que su cuerpo volvió a darle un latigazo, cuando vio aparecer a Olivia por la esquina al lado de su ama. Comparó la exuberancia de Soraya con la dulzura de Olivia, y sin dudar por cuál de ellas se decantaba, veneró a la última como si fuera una imagen divina para él. La observó hipnotizado hasta que entró en los baños, reposando en sus recuerdos la cándida figura de su bien amada.

Estuvo esperando en el jardín entretenido con las plantas, pero sobre todo investigando tras las paredes, hasta que Olivia salió para seguirla de vuelta a casa guiado por su admiración.

Pasaba el tiempo ansioso por verla, olvidando que los preparativos de su boda estaban en marcha, y que dentro de cincuenta días, conocería la que sería su esposa. Solo tenía lugar en su corazón para Olivia, la otra mujer, era una obligación que todavía no tenía rostro, por la cual no sentía ninguna curiosidad.

Mientras tanto, Olivia seguía con la rutina diaria ilusionada, suspirando por su amor platónico en distintos enfoques y maneras. Salem permanecía en su memoria aun en el subconsciente. Solo en sueños era libre para amarlo, y cada mañana, despertaba angustiada porque se acababa el tiempo de soñar con él, en el único lugar donde se hacía realidad sus anhelos.

Esa chispa que surgió entre ellos, creció dentro de los dos con un fuego apasionado cada vez más llameante, donde el tiempo y la distancia no hacían mella.

Salem exento de dar explicaciones debido a su rango de general, dejó su responsabilidad como militar de entrenamientos y estrategias bélicas durante esas dos horas, para rondarla. A la tercera semana de hacerlo, no aguantó más la frustrante situación de tenerla tan cerca y no poseerla. En las indagaciones que Junio había realizado, supo que Olivia se sentaba en una banqueta oculta tras una celosía, esperando que su ama acabara de disfrutar del relajante baño y los reparadores masajes, así que lo envió como portador de un mensaje.

En la entrada de la puerta estaba la guardiana de la misma, una robusta mujer mayor de semblante enojado. Se acercó a ella para pedirle permiso de entrada, pero la corpulenta mujer lo denegó.

—Por favor es que tengo que dar un mensaje urgente a una doncella.

—Dime ¿Quién es? —preguntó la mujer con desconfianza.

—Se llama Olivia —respondió Junio mostrándole una fingida mirada inocente.

—Espera aquí, yo la llamaré.

Olivia salió al lado de la guardiana con la mirada inquietante. Al ver al niño, supo que algo se traía entre manos al recordar que lo había visto anteriormente.

—¿Qué quieres niño? ¿Por qué me persigues?

—Vengo a darte un mensaje. Sígueme por favor.

—¿A dónde? —preguntó Olivia con curiosidad.

—Solo es aquí, al jardín. Será un momento. Por favor, vamos.

Olivia sorprendida, se encogió de hombros y miró a la guardiana con gesto permisivo para salir del hamman, ésta a pesar de su desconfianza lo permitió. Siguió a Junio solo unos metros, y antes de darle tiempo a preguntarle por su acción, el niño miró hacia la puerta para asegurarse que la guardiana no los veía. A continuación, levantó el dedo y señaló hacia Salem que estaba medio escondido tras las ramas caídas de un sauce llorón.

El impacto de Olivia al verlo fue brutal, pese a ocultarse bajo una mugrienta capa, reconoció esos ojos almendrados que la cautivaron desde el primer instante que los vio. Las piernas a penas la podían sostener, cuando la mirada de Salem le atravesó el alma. Junio, empujó a Olivia hacia el árbol, mientras ella andada atraída por los lazos sentimentales que había entre los dos enamorados, sin dejar de mirarse mutuamente.

45

Una vez cerca la una del otro, Salem, sin dejar de devorar a Olivia con la mirada, ordenó a Junio que se fuera.

—Vete ya sabes lo que tienes que hacer —dijo tajante.

Junio obediente, se fue para hacer guardia mientras la pareja de enamorados se reencontraba.

Ambos, se miraban con devoción incapaces de mediar palabra. Salem fue el primero en sujetar las manos de Olivia, que se estremeció al sentir el tacto de aquel hombre, para rememorar todos los sentimientos que había experimentado anteriormente. Pero esta vez, fue incapaz de huir porque sus piernas no la obedecían, y siguiendo sus instintos, apretó las manos del hombre rendida a sus encantos.

Salem al sentirse correspondido, se atrevió a acariciarle el rostro. Olivia, se dejó llevar por aquella intensa sensación que la obligó a cerrar los ojos, para disfrutar plenamente del aroma masculino de sus manos. Éste en cambio, miraba sobrecogido el cándido rostro de ella. Al abrirlos, se cruzaron sus ardientes miradas, y ninguno de los dos pudo reprimir sus emociones. Lentamente, iban aproximando sus bocas, que a cada centímetro de acercamiento, el aire entre ellos desprendía chispas de pasión, donde las cosquillas de la emoción iban cobrando más intensidad, hasta que estallaron en burbujas de deseo, cuando unieron sus ardientes respiraciones en un suave beso.

La Olivia de brazos caídos, no resistió más el deseo de poseerlo, dando paso a la Olivia apasionada, que sujetó las mejillas de Salem con fuerza para darle un fogoso mordisco en el labio inferior. Salem sorprendido, sintió como su cuerpo se agitó con un calambrazo de excitación, e instintivamente, la rodeó por la cintura para atraerla hacia él. Ella excitada por el impetuoso impulso varonil, lo rodeó por el cuello con sus brazos para absorber la fuerza de Salem, y ambos al sentir cómo sus cuerpos ardían de gozo, suspiraron un quejido amoroso.

Salem desbordado de entusiasmo, devoraba a besos el rostro de Olivia, mordisqueándole el lóbulo de la blanca oreja, el cuello de cisne y sus sensuales labios.

Ella enardecida, correspondía sorbiendo las partes del rostro que Salem restregaba contra su sensible piel, suspirando estremecido al sentirse atrapado por la pasión que sentía en manos de Olivia. Las bocas, se impregnaron con los mutuos fluidos de sus diferentes sabores, y la húmeda caricia de sus labios, los volvieron frenéticos, con intensas sensaciones que se mecían en oleadas.

Flaqueando las piernas por la emoción, dejaron caer sus cuerpos en el suelo bajo el árbol que los protegía de las miradas curiosas, gracias al ramaje postrado del sauce, para ser testigo del torbellino de pasión que se había creado bajo su sombra.

Fundidos en el placer, investigaban sus sentimientos con la boca, acariciando y palpando a través de las molestas ropas, arrullándose la una al otro, deseando deshacerse de ellas desesperados de amor. La intensidad iba aumentando con cada beso y cada arrumaco, que apremiaba por seguir más adentro de sus cuerpos, pero ya estaban yendo demasiado lejos, y

Olivia, sacando fuerza de voluntad y tapándose el escote con timidez, se despegó de Salem que se resistía a hacerlo.

—Basta... basta... —dijo suspirando en los labios de él.

—Te quiero... te deseo... —susurró pegado a la mejilla de Olivia, erizándosele el vello, cuando sintió el ardiente aliento de Salem penetrar por su oído.

Arrodillados, con las pieles encrespadas, se volvieron a fundir en otro beso, si cabe aún más apasionado que el anterior. Pero todo finalizó, cuando Junio les envió la señal de alerta pactada, entonando en voz alta una canción infantil, que acabó fríamente con la lujuria de ambos.

La pareja de enamorados se incorporó inmediatamente, erguidos de frente con las manos unidas y sus respiraciones alteradas, respondían al ritmo frenético de sus corazones, que poco a poco, fue ralentizando la intensidad de sus latidos, merced a la armoniosa canción que Junio no cesaba de cantar, sabiendo tristemente, que esas agudas notas, eran el final de su encuentro.

—Tengo que irme —dijo Olivia apesadumbrada—. Mi ama se enfadará si no estoy a su disposición.

¡Qué días más grises me esperan hasta volverte a ver! Y... ni siquiera se tu nombre para venerarlo en mis labios.

—Me llamo Salem —contestó apretándole las manos, emocionado de saberse correspondido— el próximo día volveré para verte, y hablaremos de nuestra situación.

Hipnotizados por el amor, eran incapaces de separarse, hasta que el canto de Junio, se convirtió en alaridos de alerta urgiendo una reacción inmediata, porque las clientas comenzaban a salir del hamman.

Olivia, soltó las manos de Salem recordando su nombre como un apacible eco en la memoria, y sabiendo que a la semana siguiente lo volvería a ver, se alejó dando saltitos de emoción con una sonrisa triunfal.

Salem observaba anonadado, cómo Olivia se alejaba cruzando la puerta del hamman, hasta que Junio rompió su ensimismamiento.

—Salem nos tenemos que ir, algunos hombres han comenzado a llegar para recoger a sus mujeres.

# V

Ambos se dirigieron hacia el trastero donde el jardinero guardaba sus aperos, esperándolos roncando la siesta sobre un camastro.

—Amigo mío —le dijo Salem al jardinero, despertándolo con una leve patada y semblante sonriente— creo que vamos a tener una larga relación tú y yo. Si me ayudas con este secreto, te recompensaré debidamente, y si me traicionas, será mejor que huyas para no conocer mi ira ¿Qué opinas?

—Simplemente por el hecho de recibir unos honorarios extras, tienes mi confianza comprada —contestó el jardinero desperezándose— no tengo nada que perder con ello.

Ahora sígueme, quiero que veas algo. —Añadió el jardinero—. Y con ello, te demostraré que puedes confiar en mí al igual que yo en ti, porque lo que voy a mostrarte, está totalmente prohibido, y si me traicionas tu a mí, perderemos los dos la vida.

Mohamed, que así se llamaba el jardinero, los condujo al interior del hamman hacia el final de un estrecho pasillo donde se hallaba una pequeña puerta deteriorada por los años, en cuyo interior, se guardaban los aceites, sales, perfumes, cojines y alfombras, que servían para ambientar el hamman.

—El niño no puede entrar —dijo Mohamed.

—Junio, ve a hacer guardia, y avísanos cuando alguien se acerque —el niño orgulloso de servir a su amigo se alejó hacia la puerta de entrada.

Al abrir la puerta, Salem observó que aquella estancia era ideal para dar rienda suelta a todas sus pasiones junto con Olivia. Las alfombras enrolladas serían perfectas para dejarse caer en ellas una vez desplegadas, los enormes cojines serian ideales para amortiguar sus cuerpos, las esencias de los aceites y perfumes darían al ambiente una sensación más agradable, y la tenue luz que se filtraba a través de los tragaluces del techo con forma de estrellas, lo hacía más acogedor. Pero lejos de la intención de Salem, Mohamed tenía reservada esta estancia para otros menesteres, que aún siendo sexuales, los realizaba en solitario.

—Acércate aquí, quiero enseñarte algo —dijo Mohamed indicando un pequeño agujero que había en la pared camuflado entre una cenefa de azulejos verdes y beige. Salem se asomó para ver lo que se escondía tras el agujero, e inmediatamente después de mirar, se retiró ruborizado sorprendido por el espectáculo mostrado.

—¡Te podrían matar por esto —dijo Salem crispado!

—Ahora ya sabes que puedes confiar en mí, porque mi vida la he dejado en tus manos.

—¡Si los hombres de las mujeres que acabo de ver desnudas en el interior del hamman se enteraran de esto, te desollarían vivo! —Gritó Salem.

—Lo sé, pero recuerda que también te puedo acusar a ti, y las mujeres que has visto, pertenecen todas a hombres poderosos que no tendrían escrúpulos en ensañarse con otro poderoso como tú.

¿Qué vas a hacer ahora con este asunto? —preguntó Mohamed.

—La duda ha nublado mi juicio con el dilema que me has expuesto, porque tenía una serie de planes reservados para este lugar, pero ahora estoy atónito y falto de razonamiento.

Enmudecidos por la incertidumbre de una posible traición, se mostraron cautelosos, hasta que Salem escogió volver a mirar, pero no para deleitarse con la visión de las mujeres difuminadas entres los vapores, sino por la curiosidad de saber lo que hacía Olivia en el hamman.

Tras un recorrido minucioso por las dieciséis columnas que rodean el aljibe, y las paredes cubiertas de filigranas mudéjares, la encontró sentada bajo los arcos polivalentes, sobre un banco de mármol blanco ante una celosía, con una sonrisa en la cara, iluminada por un tenue rayo de luz, que se filtraba suave por los múltiples tragaluz estrellados del techo, envuelta por un aura de dulzura que sobrecogió su corazón.

De entre tantas mujeres exuberantes completamente desnudas, solo tuvo ojos para ella, e imaginó cómo sería su cuerpo bajo las organzas azules que vestía. Imaginársela desnuda, lo excitó más, que ver a tantas mujeres despojadas de sus vestidos, y sintió con seguridad, que necesitaba poseer aquella joven cristiana aunque se jugara la vida, porque sin ella solo mal viviría.

—¿Qué me pides por usar esta estancia? —Preguntó a Mohamed excitado.

—Ya veo que nos vamos a entender —contestó el jardinero. —Teniendo en cuenta que solo mi esposa y yo podemos acceder aquí, te pido solo un favor.

—¿Quién es tu mujer? —preguntó Salem antes de tomar una decisión.

—Es la guardiana del hamman. Nosotros vivimos en un apartado que hay contiguo a éste, al que accedemos por el patio que los une. Este es un lugar perfecto para tus amoríos, porque desde mi casa, podéis entrar aquí sin despertar sospechas.

—Sabes negociar muy bien Mohamed. Si logro convencer a mi amada, cerraremos el trato. Dime ¿Qué favor es ese?

—Me gustaría casar a mi hija con alguien bien situado, no exijo un hombre poderoso, solo alguien que se ocupe de ella. Mi esposa y yo, somos muy viejos y quisiéramos ver a nuestra única hija bien situada, antes de recibir la llamada de Alá. En su estado todos los hombres la desprecian, y como somos pobres, no hemos podido ofrecer una buena dote a un pretendiente que la acepte.

—Me dejas confuso... ¿Qué le pasa a tu hija?

—Mi hija era una niña alegre y juguetona que no dejaba títere con cabeza. Una mañana de otoño cuando jugaba en la calle, la atropelló un carruaje saltándole por encima, dejándole las piernas machacadas, y desde entonces, hace treinta y dos años que no puede caminar. Su energía y fuerza de superación le ha permitido valerse por sí misma, pero eso no impide que estemos preocupados. Es muy primorosa en las labores artesanas, sobre todo en los bordados, pero lo que le permite tener unos ahorros, es copiar libros en la escuela de traducción. Pero sin un hombre que la proteja, estaría expuesta a ser agredida por cualquier desalmado que no respete su incapacidad. Mi hija es una mujer completa, que recibe la semana sangrante puntualmente cada mes, y daría buenos hijos a su esposo a pesar de su edad.

Salem condicionado por el recuerdo del atropello hacia Olivia, se sintió obligado a ayudar como si fuera su responsabilidad, para redimirse de la culpabilidad que sentía por haber arrollado a una persona.

—De acuerdo, te ayudaré aunque no me sirva de tus favores.

Mohamed se quedó suspendido en la incredulidad, por las altruistas palabras de Salem. Éste para aclarar las dudas que denotaban el rostro del jardinero, le contó lo sucedido con Olivia.

—Yo atropellé a la que ahora es mi amada, de esto hace solo nueve días, que se me han hecho eternos sin saber si mi amor era correspondido, y ahora que he salido de dudas, me siento muy dichoso y quiero compartir mi dicha contigo. Por eso estaré orgulloso de poder ayudar a tu hija.

—Pues te estoy muy agradecido, y por ello deseo que me aceptes como amigo —propuso Mohamed a Salem.

—Por supuesto que acepto tu amistad, cada amigo es un tesoro al que honrar y un apoyo al que acudir —respondió Salem.

—Yo como amigo tuyo te eximo de los honorarios que antes te he exigido, además te daré las llaves del hamman para venir cuando te plazca para estar a solas con tu amada. Pero recuerda que este pequeño habitáculo es un secreto entre los dos, y que nadie debe saber de su existencia, solo mi esposa y yo tenemos acceso a él y ahora te lo ofrezco a ti.

—Gracias amigo —respondió Salem ofreciendo su mano a Mohamed.

—Gracias a ti por querer ayudar a mi hija. Ven, te la presentaré.

Ambos hombres salieron por la puerta del pasillo hacia el patio colindante entre la casa y el hamman, también repleto de vergel como es habitual en los patios cordobeses, para meterse en ella. En su interior, el mobiliario era escaso e inmaculado. Las plantas situadas en cada rincón, ofrecían un aire de frescor, color y bienestar al ambiente.

Salem miró hacia el ventanal que daba al jardín exterior del hamman, viendo a una mujer sentada de mediana edad bordando bajo su luz, suponiendo que era la hija de Mohamed.

—¡Sara quiero que conozcas a alguien! —Dijo Mohamed interrumpiendo el ensimismamiento de su hija.

—La mujer alzó la mirada hacia la petición de su padre, y al ver un hombre tan bello cómo Salem a tan solo tres metros de distancia, se conmovió por tan agradable sorpresa para sus ojos.

—Buenas tardes, me llamo Salem y soy un amigo de tu padre —saludó inclinando la cabeza.

La mujer abrumada al escuchar la ronca voz de Salem dirigirse hacia su persona, se ruborizó mientras inclinaba la cabeza respondiendo al saludo hasta perderlo de vista, queriendo ocultar la excitación que había despertado en ella.

Salem observó las grandes facciones del rostro de la mujer, en contraste con su encogido cuerpo tullido, como consecuencia de haber perdido gran parte de masa muscular por la parálisis. No obstante, quedaban huellas en su cuerpo de una frustrada hermosura, porque aún mantenía los pechos exuberantes, la piel lozana y una larga melena castaña, recogida bajo un pañuelo blanco con puntillas sombreando una mirada vivaz. Repentinamente, impactó en su mente una idea aceptable al acordarse de Hassan, y no porque desmereciera la una del otro, sino porque le resultó matemáticamente correcto, que dos personas lisiadas se comprenderían mutuamente.

—Mohamed salgamos fuera, tengo que decirte algo —propuso Salem.

Paseando por los jardines, Mohamed esperaba paciente las palabras que Salem meditaba antes de adelantar una decisión precipitada.

—Mohamed creo tener un buen marido para tu hija —éste lo miró expectante demando una aclaración—. No te preocupes es un buen hombre, se llama Hassan y...

—¡Y es un gigante! —interrumpió Junio exaltado —es tan grande que hace sombra a un caballo.

Salem rió por la ocurrencia del niño dejando a Mohamed con más incertidumbre.

—¿Pero de dónde sales tú? —preguntó Salem.

—Estaba aquí mismo jugando al escondite —contestó Junio con sonrisa picarona.

—¡Ay que niño este! —dijo Salem dándole dos leves golpecitos con los nudillos en la cabeza, mirándolo con un atisbo de complacencia—. Y sí, en efecto es muy grande, pero no sé si a tu hija le gustará porque es cojo y medio tuerto.

—Eso no importa si es un buen hombre —ratificó Mohamed

—Es el mejor de los hombres, con el que siempre estaré en deuda —defendió Salem—. Me salvó la vida en la última batalla que tuvimos contra los piratas berberiscos que invadían nuestro litoral. En un asalto por sorpresa en costas malagueñas, interpuso su cuerpo por el mío, recibiendo su ojo y su pierna la espada que hubiera acabado con mi existencia. Él solo guiado por la furia de las heridas infringidas, acabó con la mayoría de ellos. Ahora está a mi servicio, aunque es un guerrero y anhela la acción, prefiero tenerlo reservado en mi casa, porque con las heridas que tiene no sobreviría otra batalla.

—¿Tiene alguna esposa? —Preguntó Mohamed.

—No. A pesar de su apariencia, es un hombre muy tímido con las mujeres, solo ha perdido la vergüenza en las tabernas, donde el alcohol lo a desinhibido para poder tener relaciones sexuales con las prostitutas. Pero ignora lo que es la ternura y compañía amigable de una mujer —contestó Salem lleno de orgullo por su amigo.

—¿Y si no quiere casarse con mi hija?

—Lo hará, es una persona muy leal y acatará mis órdenes sin rechistar. Además, sin una orden enérgica, será incapaz de encontrar la valentía suficiente para proponer matrimonio a una mujer. Ésta circunstancia es una oportunidad para que encuentre la felicidad al lado de una buena esposa.

—Mi hija será una buena esposa que tratará de complacer a su marido todo lo posible.

—Y ella ¿Querrá casarse con Hassan?

—Sara también es muy leal, y en las circunstancias en las que está, lo mejor para ella es tu amigo, que aceptará también sin rechistar. Despúes el tiempo se encargará de que el amor nazca entre ellos.

Los hombres se despidieron hasta el día siguiente, para encontrarse en el mismo lugar, donde intercambiarían resultados.

# VI

Salem mandó llamar a Hassan que estaba ocupado en la armería donde pasaba la mayor parte del tiempo manteniendo las armas en perfecto estado de uso.

—¿Qué quieres Salem? —Preguntó Hassan acalorado por la caminata.

—Tengo que darte una orden —dijo Salem mirando profundamente a Hassan, guardando unos instantes de silencio.

—Habla ¿Que te ocurre? —preguntó éste al ver el rostro indeciso de Salem.

—No sé cómo empezar. Solo quiero que sepas que es una cuestión que a los dos nos interesa.

—Pues estupendo ¿Dime de qué se trata?

—Cómo ya sabes he ido a ver a mi amada, y ha sido... ha sido... no tengo palabras, solo te digo que nada me importa en el mundo más que ella.

—Pero te vas a casar con otra ¿Cómo piensas solucionarlo?

—Ya está solucionado. Solo necesito la aprobación de Olivia, que según me ha mostrado hoy, seguro que acepta.

Hassan se sorprendió cuando Salem le explicó casi todo lo sucedido, obviando la petición matrimonial de Mohamed.

—Y ¿Qué pinto yo en todo éste amorío?

—Mucho. Porque mi orden es que te cases con la hija del jardinero.

Hassan se quedó impávido sin ninguna muestra de emociones, hasta que volvió a hablar Salem.

—Necesitas una esposa, y esta es una buena mujer. Sabes bien que por tu aspecto, solo las prostitutas se acercan a ti. Y haréis una buena pareja porque os une el desprecio que os trasmiten los demás. Viviréis en la parte derecha de ésta casa y el jardinero también ofrece compartir su casa contigo si no queréis estar aquí.

—No hará falta, yo tengo ahorros suficientes para mantener una familia, no necesito tu caridad ni la de nadie —dijo Hassan irritado.

—No te enfades, en el fondo sé que te alegras.

—No es eso, es que ni siquiera te has molestado en consultarme, recuerda que no soy tu esclavo. —Protestó Hassan.

—Lo sé, pero lo he hecho en calidad de amigo, y la amistad que nos une me autoriza a elegir por ti, tu sabes que sólo, eres incapaz de cortejar a una mujer, así he evitado perder el tiempo.

—Me conoces demasiado bien, así que nos ahorraremos las disputas domésticas, y como tienes razón acepto con agrado, además sé que lo has hecho pensando en mi bienestar.

—Gracias amigo me has vuelto a salvar la vida.

—No seas exagerado, favor por favor. Solo espero que Alá bendiga nuestras decisiones.

# VII

Mientras tanto Olivia corría ilusionada al encuentro de Fátima.

—¡Fátima!... ¡Fátima! —vociferaba desde la distancia buscando los brazos de su amiga para lanzarse a ellos emocionada.

—¿Qué ocurre niña? ¿Por qué estas tan contenta?

—¡Qué dichosa soy Fátima! ¡Salem me ama!... ¡Salem me ama!..

—¿Pero quién es Salem?

—El hombre que me atropelló... —dijo confundida por la ignorancia de Fátima.

—Ah... ese hombre del que no has parado de hablar estos días... —ironizó Fátima —¿Qué ha pasado? —Preguntó.

—Un niño que ya había visto varias veces y ahora comprendo por qué, me condujo hasta él. Lo reconocí a pesar de ocultarse bajo unas ropas viejas, porque su rostro me persigue desde que lo vi aquel día, manteniéndolo fijo en mi mente. Oh... Fátima si hubieras visto cómo me devoraba con la mirada. Me hipnotizó tan profundamente, que cuando quise darme cuenta estaba en sus brazos.

Fátima escuchaba estupefacta cómo Olivia le contaba el suceso con todo lujo de detalles.

—¿Qué piensas hacer ahora? —preguntó preocupada.

—Acudir a su encuentro ¿Qué otra cosa puedo hacer?

—Pues ten mucho cuidado, porque ahora mismo no piensas con la cabeza, piensas con el corazón que no entiende de razonamiento. Él parece que es un hombre poderoso y tú eres una simple esclava, hay muchos intereses por medio que nada tienen que ver con el amor. Te aconsejo que lo dejes antes de que sea tarde. Recuerda que tu amo te puede vender o regalar a quien plazca, así que guarda tu virginidad, es lo único de valor que posees —aclaró Fátima.

—Ay... Fátima... lo tendré en cuenta no te preocupes.

Olivia haciendo caso omiso a los consejos de Fátima, acudió al encuentro de Salem después de despistar a su joven ama en el hamman, porque los poros de su cuerpo, necesitaban absorber el calor de ese hombre como si le fuera la vida en ello.

Allí bajo la sombra del sauce donde se besaron por primera vez, la estaba esperando entusiasmado desde que se cruzaron sus miradas en la esquina.

Ambos envolvieron su amor en un abrazo ardoroso, casi violento, los besos se multiplicaron con cada caricia, hasta hacerse insoportable no poder continuar más allá.

—Estaba preocupado pensando que no vinieras —dijo Salen sujetando las mejillas de Olivia besándolas continuadamente.

—Y yo temía lo mismo, no he podido dejar de pensar en ti desde que chocaste conmigo, y la vida se me ha vuelto un sin vivir si no estoy a tu lado.

Salem se quedó atónito, dejó de besarla para mirarla pasmado por la declaración inesperada de Olivia, en un mundo en el que una mujer se hacía derogar para atraer a los hombres. Pero Olivia nació adelantada a su tiempo, con una mentalidad más abierta a la habitual en ésta época, asunto que le había traído más de un problema cuando propagaba al viento palabras de igualdad. No obstante, a pesar de los castigos por no doblegarse a los intereses masculinos, ella permanecía fiel a sus ideales, y el hombre que la quisiera, debía aceptarla tal cual es.

—No me mires así Salem ¿Es que no puedo declarar mi amor?

Éste al oír su nombre brotar por los labios de Olivia, se deleitó por el aterciopelado sonido que le hizo sentir una confortable sensación familiar.

—Ven quiero enseñarte algo —dijo Salem esperanzado, agarrándola de las manos tirando de ella hacia la casa de Mohamed.

—Pero ¿Adónde vamos? ¡Ve despacio me vas a tirar! —Dijo Olivia sonriendo, sujeta a la mano de Salem.

—Es una sorpresa, creo que te gustará.

Atravesaron la casa de Mohamed para entrar al hamman desde el patio, dejando atrás a Sara que estaba sentada frente al ventanal de costumbre, retocando un vestido nupcial de seda carmesí con incrustaciones de pedrería dorada, heredado de su abuela a su madre, a la que apenas saludaron con un gesto permisivo, y ella respondió sonriendo complicita mente, sabedora de que esta circunstancia podría suceder.

Salem cubrió los ojos de Olivia con sus manos antes de entrar al cuartillo, para crear un efecto impactante.

—Entra —solicitó amablemente.

Olivia dio un paso ciego hacia adelante descubriendo la sorpresa cuando Salem se la mostró, maravillándose de aquellas estancia repleta de ungüentos, perfumes, cojines y alfombras, que él mismo se había encargado personalmente de limpiar y ordenar para crear un ambiente acogedor, iluminado por la tenue luz anaranjada que se filtraba a través de los diversos tragaluces, ofreciendo calidez a la estancia.

—¿Por qué me has traído aquí? —Preguntó Olivia desconfiada soltando las manos de Salem.

—No te preocupes, solo quiero hablar contigo.

—Pero para hablar no hacía falta venir aquí.

—Es que te voy a proponer algo que tiene que ver mucho con este lugar.

—¿Qué tienes que proponerme? —preguntó Olivia ilusionada imaginando una boda.

Salem guardó unos instantes de silencio, porque la proposición que iba ofrecerle podría tomársela cómo una falta de respeto hacia ella, y lo último que quería era ofenderla.

—Olivia te amo más que mi vida, y nada en el mundo desearía más que pasarla contigo. Pero tengo un gran problema al que no encuentro solución, donde solo tú puedes ayudarme.

—Pero ¿Qué ocurre? —preguntó confundida, enfriándose el entusiasmo que sentía por formar parte en la vida de Salem.

—Me he enamorado de ti y mi corazón te pertenece, pero... —dudó Salem antes de continuar— pero es que estoy prometido a otra que ni siquiera conozco.

—Comprendo —contestó Olivia cabizbaja—. Y ¿Qué vamos a hacer? Preguntó con la mirada vencida.

—No tengo más remedio que casarme con ella porque es una boda concertada por el califa.

—¿Abderramán? —preguntó Olivia sorprendida ignorante del cargo que Salem ejercía.

—Olivia, soy el general más preciado de Abderramán, y para mantener la estabilidad en el califato que anda revuelto por el sur, ha decidido unirme en matrimonio con la hija del cabecilla que turba la paz, para seguir manteniéndola porque confía plenamente en mí.

—Y ¿Qué puedo hacer yo?

—Olivia tu eres mi aliento, la chispa que me da la vida. Desde que te vi por primera vez, no he dormido pensando en cómo mantenerte a mi lado, y la solución está en este lugar. Solo necesito tu aceptación para poder vernos aquí, en secreto —Salem le explicó el trato al que había llegado con Mohamed.

—¿Eso significa que solo sería tu amante? —Aclaró desilusionada.

—Eso significa todo para mí. Pero si no aceptas, no pasa nada, te dejaré en paz, sin rencores, y no volverás a saber más de mí. Si necesitas pensarlo unos días... esperaré el tiempo que haga falta.

—No hay nada que pensar —dijo Olivia tajante.

A Salem, se le turbó la mirada con la esperanza perdida, mientras un aprieto en la garganta apenas le dejaba respirar del mal rato, presintiendo un rechazo.

Olivia al ver el rostro desencajado de Salem, se acercó a él sosteniéndole la mirada, mientras le acariciaba el rostro para consolarlo. Salem notó un nerviosismo como jamás había sentido por la incertidumbre que Olivia estaba provocándole.

—No hay nada que pensar, porque ahora tú eres mi vida. Te quiero tanto que estoy dispuesta a perder mi honor por ti. —Por un instante sus recuerdos vinieron a visitarla, y ninguno de ellos era feliz. Ahora que por fin lograba serlo, no le importó arriesgar su futuro a cambio de conservar esa felicidad junto a Salem.

Éste se sintió levitar, por el lastre que acababa de soltar tras la aclaración de Olivia. Guiado por la alegría y el entusiasmo, la cogió en brazos para girar y girar hasta caer sobre las mullidas alfombras.

—Acabas de hacerme el hombre más feliz del mundo —dijo besándole la frente en señal de respeto.

Ella volvió a sostenerle la mirada para hacerle una aclaración.

—Solo te pido que no me dejes tirada cuando me haya entregado a ti, porque me convertiré en un despojo humano si lo haces.

—Jamás podría abandonarte porque sin ti, solo sería un fantasma merodeando por vidas ajenas.

Permanecieron simplemente abrazados observándose mutuamente, en un silencio que lo decía todo con la mirada. Esa tarde se dejaron llevar solo por el alma, dejando a sus cuerpos en un segundo plano, porque los lazos que ahora los unían eran espirituales más que carnales.

—Pasaría el resto de mi vida abrazado a ti —dijo Salem sutilmente.

—¿Por qué será todo tan difícil? ¿Por qué nunca triunfa el amor? —preguntó Olivia—. Siempre nos complicamos o nos complican la vida ¿Para qué? Con lo sencillo que es amarse, hasta los animales priorizan el amor a otra circunstancia. Por ejemplo, esa mujer con la que te vas a casar, quizás tenga otro hombre al que amar, pero en cambio, tiene que sacrificarlo como nosotros, para satisfacer la avaricia de otros.

La reflexión de Olivia dejó sorprendido a Salem, que en su interior surgió una nueva muestra de admiración por ella. Apenas se conocían y ya la amaba más que a su vida. Sabía que si tuviera que interponerse entre la muerte y Olivia, lo haría. Esa chiquilla era el ser más puro, inocente y natural que jamás había conocido, por el que merecía la pena sacrificarse.

La despedida fue mucho más calmada que la vez anterior, aunque la voluntad de separarse resultara insufrible para ambos, hasta que lograron hacerlo con la ilusión de saber que a la semana siguiente volverían a verse.

# VIII

Hassan advirtió en el aura de Salem, que Olivia había accedido a su petición, porque estaba pletórico de alegría.

—Supongo que todo ha salido bien —comentó.

—Sí, supones bien. Olivia corresponde mi amor, y por ello me siento bendecido por Alá.

Salem contestó muy animado, pero como buen caballero, remitió hablar más sobre las intimidades compartidas con ella, la que merecía todo su respeto.

Olivia en cambio, contó todo lo sucedido a Fátima, solicitándole consejos sobre las artes amatorias.

—¡Ay mi niña en que lio te vas a meter! Además tú no sabes nada de este tema —sermoneó Fátima.

—No, no sé nada pero tú me ensañarás. Por favor Fátima dime que lo harás.

—No me pidas hacer algo de lo que estoy en contra.

—Pero Fátima si tú no lo haces tendré que acudir a otra persona que me quiera enseñar a amar.

—El amor no se enseña, se desarrolla y se aprende con el tiempo.

—Pero Fátima ya he tomado una decisión irrevocable y voy a continuar con ella, contigo o sin ti. Y preferiría tenerte a mi lado. Has sido todo este tiempo más que una amiga, has sido la madre que me arrebataron, y quien mejor para aconsejarme que tú.

—Si yo fuera tu madre ya te habría castigado, pero tienes razón, no encontrarás a nadie más leal que yo para este secreto.

—¿Eso quiere decir que sí?

—Sí.

—¡Gracias Fátima! —Dijo Olivia abrazando a su amiga.

—Lo principal es que no te quedes en cinta, así que mañana te preparé una tripa de cordero para evitar un embarazo —añadió Fátima.

—¿Una tripa de cordero? —Curioseó Olivia con el ceño fruncido.

—Sí. En primer lugar se cura con sal, después se moja en alcohol, y a continuación se restriega con especias. No es totalmente fiable, pero algún resultado dará.

—¿Y qué hago con la tripa?

—Antes de acudir al encuentro de tu hombre, la introduces dentro de tus partes bajas.

Fátima al ver el rostro contrariado de Olivia, sonrió con sarcasmo.

—No te preocupes solo es un pequeño trocito a modo de tapón. Tu cuerpo lo expulsará al poco tiempo. Eso sí, debes vigilar cuando caiga para reemplazarlo por otro.

Niña... ¿Estás segura que quieres continuar con esta relación? Está siendo todo muy precipitado. Medítalo unos días más.

—No es necesario Fátima, ahora estoy más convencida que antes. Así que dime como se ama a un hombre —solicitó Olivia casi suplicando.

—Por ahora, solo déjate llevar y la naturaleza hará el resto. Según me has contado, creo que sabrás bien cómo actuar llegado el momento.

Las dos mujeres permanecieron pensativas. La novicia por la desazón de la ignorancia, y la veterana añorando los amores pasados.

# IX

Amanecido el día con la aurora en puertas, Hassan estaba ataviado con sus mejores galas asomado al florido balcón, esperando la llegada de Salem para acudir a su primera cita como pretendiente.

Había pasado dos noches alterado nombrando a Sara en sueños, e imaginando cómo sería su encuentro con ella. A pesar de no conocerla, comenzó a formar puzles de futuro en pareja, planteando cuestiones que lo mantenían entusiasmado, como disfrutar del calor de una mujer en las conversaciones y en la cama, e incluso dichoso al pensar que a sus años, Alá los bendijera con hijos. Ensimismado con la entrañable imagen que su mente había formado rodeado de niños, no percibió que Salem lo estaba llamando desde el patio de cuadras, hasta que recibió una pedrada en el hombro derecho.

—¡Venga vamos, quiero tener este asunto solucionado lo antes posible! —Gritó Salem desde abajo con una gran sonrisa porque le urgía encontrase con Olivia, y el día se presentaba largo.

En las primeras claras del día, Hassan y Salem circulaban a caballo por el laberinto de calles cordobesas casi desérticas. La timidez de Hassan, había escogido una hora tan temprana para acudir a casa de su prometida, porque le molestaba ser el centro de atención, debido a su aspecto bárbaro. Aspecto que por el contrario, encantó a Sara. Se sentía tan infravalorada, que al ver a un enorme barón, con resquicios muy atractivos ocultos bajo sus heridas pretenderla, estalló un efervescente riego de excitación por sus mustias venas, revitalizando su animosidad gracias a la aceptación que había recibido de un hombre, después de estar recluida tantos años en el desprecio.

Hassan al principio sintió un poco de decepción cuando la vio inmóvil empotrada en una silla, pero para su sorpresa, Sara comenzó a deslizarse por la estancia con soltura, debido a que Mohamed implantó unas ruedas a ambos los lados de la misma, que con un simple auto empuje, la ayudaba a moverse con facilidad.

La cortedad que ambos sentían a causa de los testigos presentes en el acto de pedida, los padres de Sara y Salem, no les permitió desenvolverse con naturalidad. Pero pasados todos los trámites sociales, presentaciones y varias conversaciones triviales, se miraban de soslayo con sonrisa confiada. Después de un sencillo pero copioso almuerzo, compuesto por alboronia un guiso de berenjenas, cebollas, ajo y frutos secos, de primer plato, cordero asado de segundo y melocotones confitados con miel de postre, se retiraron a solas para pasear por el jardín del hamman, en el cual Hassan comprobó que el sauce al que se refería Salem, era verdadero. Sintió el deseo de acompañar a Sara bajo su sombra para contagiarse de alguna manera por los sentimientos de su amigo y revivirlos con ella. Pero por supuesto, ellos mantuvieron las distancias porque las circunstancias, eran muy distintas y solo hablaron de detalles domésticos que Hassan debía saber, para facilitar la movilidad de su prometida.

Salem regresó de sus quehaceres, para salir de la casa de Mohamed disfrazado mirando complicita mente a la pareja que ahora ocupaba su lugar bajo el árbol, para posicionarse en el matorral de costumbre y recibir a Olivia con una sonrisa. Ésta al atravesar el arco de entrada del jardín hacia hamman al lado de su ama, encontró inmediatamente la figura de Salem, pero sonrió un poco más, cuando vio la nueva pareja disfrutando de la sombra del sauce.

Salem se quedó observando inalterable cómo Olivia entraba en el hamman para poco después, verla salir y dirigirse hacia la casa de Mohamed donde lo estaría esperando. Al entrar, la encontró a solas sentada en el ventanal rodeada por un aura cándida que lo volvió a estremecer.

Olivia había pasado toda la noche rozándose las sabanas imaginando que eran caricias de Salem. Sabía que la necesidad de poseerlo era correspondida por él, y volvía a revivir su aroma a través de sus dedos, jugando con ellos donde más placer sentía. Por eso en el momento que Salem entró, lo miró con lujuria, había llegado el momento de consumar esa gran pasión que no entendía de esperas. Salem conmocionado por la sacudida electrizante que le provocó los ojos de Olivia, caminó hacia ella sabiendo lo que significaba esa mirada. Y seguros, serenos, sujetos por la cintura con paso firme, se dirigieron en silencio guiados por su excitación hacia el cuarto secreto.

Una vez dentro, Salem sujetó las mejillas de Olivia para acercar despacio sus labios a los de ella, que esperaba ansiosa por volver a sentirlos. En ese momento, abrieron los ojos para mirarse sinceramente, y consagrar su unión con la bendición del amor.

Olivia mimó el rostro de Salem, besó su mano mientras la acariciaba y se dejó llevar por el primer suspiro, cuando Salem la sujetó para posarla delicadamente sobre las alfombras. Éste se sintió más vencedor que en ninguna de las batallas ganadas, porque Olivia era su mayor conquista, y ahora se brindaba como prenda de su logro. Pero quien realmente había conquistado fue ella, que con la sutileza de aquella primera mirada, alcanzó su mayor aspiración, poseer entre sus brazos al caballero que la embistió.

Salem había tenido bastantes experiencias sexuales, por lo que estaba sobradamente preparado para la penetración, pero decidió sorber lentamente la lascivia que Olivia desprendía por cada uno de sus poros, para deleitarse con su dulce sabor.

Olivia en cambio temblaba emocionada a causa del desconocimiento, por eso se dejó llevar por Salem, y su inexperiencia la condujo a repetir los mismos movimientos que recibía. Cuando él le acariciaba el pelo, ella lo imitaba. Cuando él rozaba los labios por su rostro, ella lo imitaba. Cuando él besaba su cuello, ella lo imitaba. Cuando él ceñía el abrazo, ella lo imitaba, hasta que la naturaleza pasional de su interior, se reveló rompiendo esas pautas para tomar la iniciativa. Desprendió a Salem de su rostro sujetándolo por las sienes mirándolo con fulgor, invadiéndolo de una erótica embriaguez.

Salem no podía creerse aquellos sentimientos inquietantes que Olivia había despertado en él, multiplicándose cada vez que Olivia lo sorprendía con un nuevo beso por los distintos resquicios de su piel. Se sintió devorado por una fuerza incontenible a la que solo deseaba saciar. Así que ambos comenzaron a despojarse de las ropas que tan molestas estaban siendo.

Olivia desató el nudo de la capucha, Salem el nudo del vestido. Ella alzó la camisa de él para tocar su cuadriculo torso, ancho y fuerte como había imaginado en sus pensamientos más lujuriosos. Él bajó el vestido dejando al aire la desnudez de Olivia, para maravillarse con su voluptuosa figura. Olivia se quitó el velo dejando su melena dorada suelta reposando sobre la alfombra. Todo en ella resplandecía, desde los cabellos hasta los tobillos. Unos pechos exuberantes invitando relamerlos, se hinchaban excitados por la respiración alterada de Olivia. Un ombligo pequeñito, guiaba una raspa de fino vello hacia el culmen del placer, rubito y rizado en medio de unas firmes y rectas piernas, deseosas de abrirse como las flores del jardín, para recibir el riego natural de la vida.

Ambos unieron sus pieles en un electrizante abrazo, donde la química que desprendían, fluctuó por cada célula de sus cuerpos.

Olivia floreció cuando Salem chupó la lascivia de sus pechos, jamás imaginó que la boca de un hombre multiplicara esa sensación que ella misma se otorgaba. Pero sentir la recia barba rozándole la blanda carne, la traviesa lengua jugar con la aureola de sus pezones y los suaves labios sorberlos, explosionó con miles de partículas chispeantes de goce, que surgían desde su interior.

Requiriendo avanzar aún más en el lance, Olivia exasperada desató los calzones de Salem deshaciéndose de ellos con la agilidad de sus pies.

Completamente desnudo, observó encantada las prietas nalgas de Salem, y la gran dureza de su miembro. Lo rodeó con las piernas para culminar su voluntad de adentrarse en él, éste frustrado en sus intenciones de alargar aún más los preliminares, se rindió ante la demanda de Olivia que consiguió volverlo loco de pasión. Pero incluso tan estimulado, quiso facilitar la penetración introduciendo previamente sus dedos dentro de Olivia, que al sentir tan apabullante sorpresa, se estremeció con esta nueva sensación, entonando un quejido de placer.

Salem al retirar los dedos, observó en ellos la señal virginal de Olivia, y sintiéndose responsable de aquel hecho, se juró a sí mismo protegerla de cualquier mal. La miró dulcemente a los ojos pidiéndole perdón, pero Olivia estaba tan estimulada que no atendía a disculpas. Así que volvió a presionar sus piernas en las nalgas de Salem, que insoportablemente excitado, sujetó los brazos en alto de Olivia sobre la alfombra, dejándola enteramente a su merced.

Le besó dulcemente el cuello, continuó bajando lentamente con el roce de sus labios hacia los pechos y el ombligo, hasta que Olivia extasiada le suspiró un ruego, que terminó por desquiciarlo, y tímidamente, volvió a mirarla a los ojos, mientras muy despacio desfloraba su virgen y cálido capullo, abriéndose para absorber todo el néctar que se estaba produciendo entre los dos. Instintivamente cerraron los ojos, para explosionar todos sus sentidos en un universo infinito de sensaciones placenteras.

Completamente unidos, comenzaron su danza erótica con un ritmo suave, engranando ambos interiores sintiéndose el uno parte del otro, alcanzando el compás al unísono, donde las notas sexuales iban creciendo, hasta formar una embadurnada partitura de fluidos, suspiros y quejidos, que culminaron con el do mayor.

Salem sentía cómo en cada envestida, fluía por sus venas la esencia de su ser, mientras Olivia la succionaba, hasta que vencido por el gusto, derramó dentro ella la riada de placer que los elevó al clímax final.

El silencio se hizo en la estancia, solo las respiraciones turbadas, envolvían los cuerpos unidos que Salem se resistía a abandonar. Él quería recrearse adentrado en Olivia el resto de su vida. Ella mantenía su posición porque temía que todo aquello acabara, y así, se mantuvieron unos minutos hasta que la realidad los despertó de su deleite.

—Salem, Salem, es hora de irnos, las mujeres están saliendo del hamman. —Otra vez Junio, volvió a alterar la felicidad en la que estaban entregados.

Olivia había olvidado la noción del tiempo y el espacio. Al recordar donde estaba, gritó de terror.

—¡Ah...! Mi ama me matará si no estoy a su disposición. Debo irme ya.

Empujó a Salem hacia atrás para vestirse de prisa, sorprendida al ver el enorme miembro que había disfrutado en su interior.

—¿Te arrepientes? —Curioseó Salem preocupado.

—Es lo mejor que me ha pasado jamás —contestó sinceramente Olivia acariciando la barbilla de Salem para consolarlo.

—Tú eres lo mejor que me ha pasado a mi —confesó Salem sujetando la mano que lo acariciaba.

—La semana que viene me volverás a ver —dijo Olivia dispuesta mientras salía del cuarto medio vestida, dejando a Salem anonadado con el rastro de su recuerdo.

# X

Habían transcurrido solo dos semanas desde la petición de mano de Sara hasta el enlace matrimonial. Días en los que Salem y Olivia consumaron su amor, en los que aprendieron a amarse de diversas maneras.

La ceremonia entre Hassan y Sara fue sencilla, con amigos de ambas partes como testigos del evento, y un banquete en el enorme patio floreado de Salem, el cual costeó todo el suculento bodorrio, con los mejores vinos de Málaga, quesos manchegos, cabritos de la dehesa, atún de Barbate, frutas de temporada, pastelitos de miel, azúcar y canela. Donde las dos parejas forjaron una amistad, desde que Sara incluyó a Olivia como madrina de bodas junto a Salem. Haciendo del evento una festividad inolvidable, danzando al son de la complicidad.

Sara y Hassan se encontraron por fin a solas en la casita de vecinos que éste compró al lado del hamman, para que Sara estuviera cerca de su madre, que ambas se encargaron de decorar austeramente. Iluminada con un gran patio interior compartido que repartía la luz y el aire al resto de casas.

Ahora en la intimidad, se enfrentaban a la bestia del desconocimiento. Ella ignoraba todo lo carnal, él tenía mucha experiencia con mujeres expertas, pero la que ahora ocupaba su lecho impregnada de fragantes aceites, envuelta en telas transparentes que dejaba entrever una figura imperfecta, no había conocido varón en sus treinta y ocho años de vida. El miedo se apoderó de los dos, Sara preocupada por no saber complacer a su marido. Hassan reprimido por un terror que en ninguna lucha por muy cruel y sanguinaria que hubiera sido, había sentido como ahora, por temor de hacerle daño y terminara rompiéndola.

Hassan vestido solo con camisa y calzón, se acercó cauteloso bamboleando su cojera para sentarse al lado de Sara, a la cual, casi le dobla la estatura. Ella le acarició el ojo medio tuerto y Hassan se reveló retirando su rostro, pero ella insistió, le dio un tirón en la barba esta vez acicalada, y posó sus labios con cariño en el ojo roto. Éste los cerró instintivamente, para dejarse llevar por aquella suave caricia que le hizo balancearse de bienestar. Al abrirlos, miró por primera vez con dulzura a Sara porque sus miedos comenzaron a remitir.

Ella empezó a desatarle la camisa, mientras Hassan observaba el brillo de su larga melena, las negras cejas pinceladas delineando unos vivaces ojos, una destacada nariz que le otorgaba personalidad y unos jugosos labios carnosos. Se acercó para aspirar su fresco aroma, acto que aprovechó Sara para besarle el velludo pecho. Estaba dispuesta a complacer a su esposo todo lo posible, porque ahora Hassan se había convertido en su prioridad, en agradecimiento por haberla aceptado como esposa, en un mundo donde una mujer sin marido, valía menos que el ganado, y en su caso, un lastre para una sociedad insolidaria con los más débiles.

—No tengas miedo —dijo ella acariciándolo.

—No sé qué hacer contigo —respondió él lánguidamente.

—Lo mismo que con las otras, descuida no me voy a romper —contestó Sara con una sonrisa burlona, que rompió el frío del ambiente.

Ambos se miraron fijamente, haciendo que las primeras chispas de la pasión brillaran en sus ojos, y comenzaron a desinhibirse con leves caricias iníciales. Para Sara, cada una de ellas era la novedad del estremecimiento, para Hassan, el gozo de una conquista diferente.

Sara impresionada al ver el hercúleo y herido torso desnudo de Hassan, reflejo de sufridas batallas, se excitó imaginándose a tamaño varón poseyéndola.

Ella misma porque él no se atrevía a desnudarla, se quitó las ropas despacio para incitarlo, dejando que Hassan se deleitara mirando sus voluminosos pechos, tersos y suaves aún sin explorar, y que acercó a los de él para fundirse cómo pareja. Esta conexión libidinosa, rompió con todos los recelos de Hassan. Éste, evadió abalanzarse sobre ella por miedo a aplastarla, y la sujetó con ímpetu para alzarla, posándola excitado sobre su regazo para devorarla a besos, mientras ella disfrutaba de ese apasionado arrebato, más aún, cuando él absorbía sus senos.

Al retirarse para coger resuello, observaron cómo sus miradas desprendían una mutua lujuria. En consecuencia, brotó de sus cuerpos una necesidad imperiosa de unirlos completamente, pero... ¿Cómo? Hassan se sentía inseguro al ignorar las posturas sexuales que podría realizar con Sara. Ella al leer las dudas en la mirada de él, sintió pavor porque Hassan no saciara la necesidad que urgía dentro de sus entrañas por gozar de barón, y lo miró desafiante haciéndole una petición.

—Ponme arrodillada —dijo provocándolo, palpándole los genitales para estimularlo, que dejaron de ser todo un misterio para ella, descubriendo alterada una asombrosa dureza templada, impregnada de suavidad.

Para Hassan no supuso ningún esfuerzo posarla de rodillas ante él, observando el glorioso espectáculo que le ofrecía el trasero de Sara. Un trasero voluptuoso, abierto como una flor madura demandando riego, sujeto por unas flacas piernas inmóviles, a las que Hassan no prestó ninguna atención, porque con la visión que Sara le estaba proporcionando, tenía suficiente para sentirse totalmente atraído sexualmente por ella.

Miró detenidamente el oscuro cabello de Sara que caía en cascada por la espalda, la lozanía que aún conservaba en el brillo de su piel sin rastro de los años pasados, excitándose con sus prietos pechos colgando, mecidos por la gravedad. Cuando Sara giró la cabeza y Hassan vio en ella una mirada lujuriosa demándale acción, brotó de él una urgencia irresistible por penetrarla, y sin dudarlo más, sujetó con furia las caderas de Sara para atraerlas hacia su firme, hinchado y erecto pene, a punto de reventar.

Sara gimió un mudo grito de satisfacción, desorbitándose los ojos por un doloroso y sorprendente placer, cuando Hassan invadió la gruta virgen de su cuerpo, porque al fin, se sintió llena de hombre después de tantos años de auto complacencia. Ella removió las caderas, para acomodar el miembro de Hassan en todas sus terminaciones nerviosas, conectando en cuerpo y alma, para cabalgar unidos en el jugo del frenesí. En Hassan, todas las sensaciones placenteras se concentraban en la entrepierna, que enloquecido de pasión, terminó por explosionar su semen en el interior de Sara.

Extasiados, continuaron una semana en la que solo comían y fornicaban como animales salvajes, con posturas que Hassan jamás había imaginado, debido a la flexibilidad indolora que las piernas de su mujer proporcionaba, dispuesta a complacerlo en todo.

Disipados todos sus temores, de los que ahora, después de tanta preocupación se reían, nació entre ellos un amor sincero y leal.

Los vecinos de las casas colindantes sonreían complicita mente, al escuchar los quejidos y suspiros que emanaban de la casa de los recién casados. En el patio compartido, decorado con típicas macetas azules colgadas por toda la pared, color que simboliza la buena suerte entre los musulmanes, esperaban la aparición de la pareja. Y por fin al séptimo día, salieron de su guarida para dar la cara ante su curiosa vecindad, que en un momento, improvisaron una pequeña bienvenida con los pocos víveres que guardaban en las lacenas, organizando una fiesta alrededor del pozo central, armonizada con bailes y cantes populares en honor al matrimonio.

La parranda duró desde la puesta de sol hasta la madrugada, donde el cielo estrellado y la suave brisa veraniega, embriagaba el ambiente con los aromas de las flores, emergiendo el embrujo de la magia nocturna en las noches andalusís, para encantar la armonía entre vecinos.

# XI

La sombra de la desdicha merodeaba por el entorno de Olivia, cada día que se acercaba la fecha que tanto temía, donde Salem, contraería sus primeras nupcias y no iba a ser ella la radiante esposa.

Él andaba igualmente preocupado, por las dudas que le generaba pensar que Olivia cambiaría de opinión en compartirlo con otra mujer, cuando este hecho sucediera.

Solo faltaba un día para el gran acontecimiento, por ello toda la ciudad se blanqueó y engalanó en honor a los novios, porque no todos los días se celebra la boda de un general con una noble mora.

Olivia y Salem no hablaron de este hecho en el transcurso de su relación, hasta que esa última tarde cómo soltero, Salem necesitó aclarar sus dudas.

—Olivia ¿Me odiaras a partir de mañana? —preguntó preocupado mirándola con ojos apenados.

—No lo sé —respondió ella impasible.

Esa respuesta lo dejó paralizado, esperaba que Olivia negara la pregunta dándole ánimos, pero no fue así. Ella al notar la decepción en el rostro de Salem quiso consolarlo.

—No lo sé, no sé cómo me sentiré cuando sepa que otra mujer besa tus labios. No sé qué pensaré cuando otra mujer se adentre en tu cuerpo. Tampoco quiero mentirte, confío en que mi amor por ti es desinteresado, y que te quiero más que a nada en el mundo, por eso creo que todo será igual entre nosotros. Pero mi interior piensa lo contrario, que nada seguirá igual, y que todas las promesas que me hagas para confortar mis miedos, serán en vano, porque solo tendré en mi mente a esa mujer que compartirá tu lecho, y la única que te dará los hijos que yo no debo tener contigo. A veces en la oscuridad de la noche, me desespero pensado en este asunto, y amanezco con los ojos hinchados de llorar. Tengo muchas dudas, pero de lo que no dudo, es de mi amor por ti.

Olivia observó compungida el rostro cabizbajo y triste de Salem, le sujetó dulcemente el mentón para erguirle la cabeza y lo miró intensamente a los ojos.

—Te quiero Salem, te necesito como el aire. Sé que las cosas cambiaran porque ahora te deberás a otra mujer, pero solo en cuerpo, porque tu alma es mía y la mía es tuya.

Salem al oír esas benditas palabras, abordó a Olivia para besarla desesperado de amor, como si esta fuera la última vez en hacerlo.

Esa tarde les resultó insoportable separarse, porque algo en el interior de ambos se rompía, provocándole un nudo en la garganta que apenas les permitía respirar, sabiendo que hasta dentro de treinta jornadas no se volverían a ver, ya que la nueva pareja viajaría hasta Granada para presentar sus respetos a los abuelos de la novia, y sembrar la armonía en el sur, temiendo porque en su reencuentro, el amor se hubiera disipado en el otro.

Una boda muy sonada en la metrópolis porque venía a traer la paz y prosperidad entre los territorios andalusíes. Toda la gente salió a las calles para recibir con vítores a la novia, a pesar de que el calor golpeaba con fuerza, pero era más la curiosidad por ver el rostro de la joven que les traía el bienestar, que el sofoco provocado por el sol abrasador.

—Olivia ven conmigo a ver la novia —solicitó Fátima bajo el ventanal que iluminaba sus inquietudes.

—No me apetece verla, no quiero tenerla en mi mente —contestó Olivia con la mirada pérdida en la luz mañanera.

—Pero será mejor que le pongas cara a tu enemiga.

—Esa pobre mujer no es mi enemiga, es tan victima como Salem y yo. Solo que si ya me cuesta trabajo imaginármelo en brazos de esa mujer, figúrate si le pongo rostro, sería insufrible para mí.

¿Y si es más bella que yo? ¿Y si le gusta sus formas más que las mías? —Dudó con preguntas retóricas.

—Eso sería lo mejor para ti. Él no te corresponde, se debe a su país y al califa, jamás será tuyo.

—Nunca, nunca voy a renunciar a este amor mientras él me ame.

—Pues entonces me voy sin ti. Ya te advertí que esta relación no te convenía —recriminó Fátima.

Y se marchó dejándola plantada en el desconsuelo. Pero la curiosidad comenzó a rondar por la cabeza de Olivia, hasta que llamó a Fátima gritando, decidida a enfrentarse con sus miedos.

—¡Fátima espérame voy contigo!

Olivia y Fátima se integraron como una pieza más del puzle popular, que se había formado por donde transcurriría el cortejo nupcial, camuflándose entre la muchedumbre con intención de pasar desapercibidas ante los ojos de Salem.

La flamante pareja apareció siendo ya marido y mujer, vestidos con túnicas coloristas complementadas con joyas desde los extravagantes tocados de la cabeza, hasta las sandalias de los pies, en un trono de oro a hombros de doce fornidos hombres ataviados con atuendos de plata y grana.

Olivia observó detenidamente a la distinguida esposa de Salem, viendo en ella una preciosa mujer delgada, sin parangón con ninguna otra. De felinos ojos azules, resaltando en una piel cobriza brillante y exquisitas maneras. Sintiéndose amenazada ante tanta belleza, emergió de ella una sensación desconocida de antipatía y recelo, porque los temores de perder a su amado Salem tras quedar hechizado por su esposa, se podrían cumplir. La familia de la novia quería mostrar al pueblo la inmensa fortuna que poseían, lanzando monedas al populacho por dos lacayos montados en sendos caballos árabes delante del cortejo, escoltados por doscientos soldados pertenecientes a la tropa de

Salem, acompañando orgullosos al que era para ellos su mejor general.

La alegría de la gente se hizo latente con el brillo de las monedas al viento, y agradecidos, vitoreaban eufóricos a los novios por esta buena acción, danzando tras ellos al ritmo de la banda musical.

Salem estaba más pendiente buscando a Olivia que disfrutando del evento. Su sonrisa era fingida hasta que encontró entre la muchedumbre el rostro anhelado, merced a que todas las personas de en rededor se agacharon para recoger las monedas, excepto Olivia que alzándose orgullosa, permaneció impertérrita observándolo. Al principio la sonrisa fingida de Salem, se tornó en otra resplandeciente cuando la vio, pero al distinguir la mirada triste y desesperada de Olivia, cayeron sus alegres muecas hacia un gesto deprimente. Amira, la esposa de Salem, se percató del impacto afectivo que había sucedido en su presencia, pero decidió obviarlo por el momento, el presente estaba siendo demasiado emotivo para estropearlo con diligencias celosas.

La mirada infranqueable de los amantes, sostenía con el recuerdo de sus actos todo el amor que sentían mutuamente, perdiéndose en la distancia con el paso de los porteadores, donde un vacío desolador, hizo acto de presencia en su aura, pese a estar inmersos en una gran multitud.

Olivia regresó sobre sus propios pasos cabizbaja y aislada del mundo hacia la rutina, ni veía por donde iba, ni escuchaba la letanía recriminatoria de Fátima, solo tenía lugar en su mente el rostro de Salem y Amira. Así anduvo sobre la inopia, los primeros días de soledad y desconcierto.

Salem en cambio, tuvo que lidiar la nueva situación conscientemente, manteniendo el equilibrio emocional entre la frialdad y el afecto hacia su esposa. No quería amarla pero era su deber hacerlo, porque la conciliación del país pendía ello.

La fastuosa celebración de la boda en la que no faltó los mejores manjares, vinos, músicos y danzarines de Al-Ándalus, fue el primer reto que salvar, lanzando arrumacos y mimos fingidos hacia Amira, que ella recibía con sonrisa falsa y desganada, esperando que el tiempo pasara rápidamente en el evento, para dejar de interpretar.

La pareja se retiró a sus aposentos disimuladamente esquivando borrachos a su paso.

Amira se instaló en una habitación contigua a la de Salem, ya que ambos acordaron mantener la intimidad hasta conocerse mejor.

Salem tardó varias horas en visitarla porque un infinito de dudas no le permitía actuar, y hacia las cinco de la madrugada, el sueño de una sangrienta lucha le hizo reaccionar, como presagio por no haber consumado su matrimonio.

Así que decidido a terminar con este sin vivir, entró en la alcoba de Amira que dormía plácidamente. Bajó despacio las sabanas que la envolvían para observarla, su cuerpo semidesnudo era oscuro, flaco, de pechos pequeños, nada que ver con la claridad voluminosa y mullida de su amada Olivia. El rostro si era de una belleza racial moruna sorprendente, que hasta ahora no percibió como debiera, porque estaba demasiado abstraído pensando en Olivia. Amira estaba sumergida en un profundo sueño cuando Salem le alzó el camisón para penetrarla, se posicionó mecánicamente encima de ella empapado de culpabilidad, y de repente, se despertó alertada. Observó el rostro solicitante de su esposo y a continuación, abrió voluntariamente las piernas preparada para cumplir la sentencia para la cual la habían educado. Éste la penetró sin más preliminares como imposición del contrato matrimonial, sintiéndose extraño dentro de un cuerpo que no le correspondía, pero la naturaleza siguió su curso, y unas cuantas embestidas secas y aceleradas, lo hicieron eyacular en las profundidades de Amira.

—Perdón —Pidió Salem afligido, mirando el rostro inexpresivo de ella.

Se retiró hacia su habitación cerrando la puerta de su esposa angustiado, juzgándose como traidor hacia Olivia y violador hacia Amira. No sabía si ella sufrió o disfrutó, porque ni siquiera la oyó respirar durante o después del acto.

Al tumbarse en la soledad de su lecho, un cúmulo de ira, culpabilidad, victimismo y asco de sí mismo, emergieron agitados por cada poro de su cuerpo, desencadenando lágrimas desconsoladas pensando en la última mirada deplorable de Olivia, rogando que a su regreso, lo aceptara como si nada se hubiera interpuesto entre ellos.

Amira también lloró en silencio hasta quedarse dormida, por la frialdad con la que Salem la asaltó. No había sufrido, pero tampoco había gozado, a pesar de haber tenido entre sus brazos a un atractivo hombre deseado por muchas mujeres.

La belleza de su amor verdadero, era más serena, dulce y alentadora que la pantomima de su matrimonio. Matrimonio que anhelaba con el hombre de su vida, un joven militar encargado de velar por su integridad física, que poco a poco sin pretenderlo, conquistó el corazón de Amira. Y como era de esperar con el roce diario, surgió la chispa de un amor sincero y cálido entre ellos, que la elevó a la cúspide del placer, sacrificándolo para satisfacer las exigencias de su padre.

De nada le sirvió simular su virginidad perdida con la táctica de introducirse un cartílago ensangrentado en la vagina, porque Salem, ni siquiera se preocupó en comprobarlo, muestra de lo poco que se importaban mutuamente.

# XII

En las primeras claras del día, el matrimonio inició su viaje hacia la cora (provincia) de *Hins Garnata* (Granada) en un carruaje de madera, robusto y sencillo, con visillos de lino para esquivar los molestos insectos, sentados el uno junto al otro dándose la espalda sin mediar palabra. A su paso se estrenaba la nueva guardia encargada de salvaguardar el bienestar de la pareja, nunca se sabe cuando pueden ser asaltados por los vándalos que merodean en las sierras de Al-Ándalus.

Al comienzo de su viaje, se abre ante ellos la extensa campiña Cordobesa. En el vaivén del paso, Salem observa sugestionado las suaves formas de las colinas, que le recuerda la sinuosa silueta de su amada Olivia. La mecida del dorado cereal por la brisa veraniega, evoca sus cabellos, e involuntariamente, lanza al viento un suspiro salido del alma.

Amira lo miró sorprendida ante tal reacción, y preguntó curiosa con la confianza que aún quedaba por conquistar.

—¿A dónde se dirige ese suspiro? —Dijo con sarcasmo.

Salem atónito por la impertinente pregunta medita su respuesta, porque esta va a ser la primera conversación franca que mantengan en privado. Decidió responderla porque el tono despreocupado de Amira le transmitió confianza.

—Hacia Córdoba —contestó con la mirada perdida en la distancia.

—¿Puedo saber quién es esa persona?

Salem giró la cabeza para mirarla a la cara topándose con los ojos felinos de su esposa, haciendo frente al interrogatorio al que Amira lo estaba sometiendo, porque pensó que cuanto antes se sincerara, antes dejaría de sentirse oprimido.

—Es una humilde joven sencilla y natural, con los matices de la campiña en verano impregnados sobre su cuerpo, que me tiene cautivado.

¿Te molesta la verdad? —Preguntó desafiante.

—Pues claro que no. Si te amara tal vez sintiera celos, pero lo que siento es pena porque no estás junto a ella, como yo deseo estar junto a mi amado —contestó abiertamente devolviéndole la confianza que él había depositado en ella.

—¿Qué vamos a hacer ahora? —preguntó Amira expectante.

Salem volvió a sorprenderse por tan abrumadora circunstancia de sinceridad, la observó pensativo recopilando en su memoria los pocos momentos que había vivido con ella, para que su respuesta resultara fructífera.

—Ante todo quiero pedirte perdón, por haber irrumpido en tu habitación sin avisar.

—No importa, te esperaba. Además agradezco tu frialdad conmigo, porque temía enamorarme de ti. Ahora estoy segura que solo serás mi marido y yo solo tu esposa por interés, ningún lazo amoroso nos une, con lo cual no sufriremos por celos.

—Estoy de acuerdo contigo. Pero dime ¿Quién es la persona por la que debería estar celoso? —Preguntó desenvuelto por la curiosidad.

—Es un joven soldado que guardaba mi seguridad antes de la boda. Al principio no lo tuve en cuenta por su aspecto anodino, pero con el paso de los días, fui descubriendo en él una galantería que le fluía con naturalidad....

Mientras Amira describía el lánguido y moruno físico de su amado, la mente de Salem no paraba de deliberar tanta información secreta, y como resultado maquinó un plan brillante. No era una estrategia militar, pero si mantendría el país unido y el amor también. Pero su intención se retrasó al pasar al lado de un animado zoco instalado en la muralla de Ategua, construida con sillería, piedras del lugar perfectamente cuadriculadas por máquinas, que desvió toda la atención de Amira hacia el género mercantil.

Las gentes del lugar observaron cómo la comitiva se alejaba hacia la fortaleza de *Al Calat* (Espejo) donde pararon para recoger agua del aljibe romano, situado a un kilometro del asentamiento árabe. Tras saciar su sed y refrescar sus cuellos, Salem decidió abordar la conversación que dejaron interrumpida.

—Amira préstame atención, lo que voy a proponerte es muy importante para los dos —recordó que a Olivia también le hizo una proposición de la que obtuvo muy buenos resultados, pero con Amira no sabía a qué atenerse, de todas formas ya no había marcha atrás, puesto que ambos se habían sincerado mutuamente arriesgando sus vidas con ello.

—Te propongo mantener relaciones sexuales solo conmigo cuando decidamos tener hijos, para asegurarme que tu descendencia es la mía también, después serás libre de amar a ese joven, como yo de amar a Olivia. Ese será nuestro secreto.

Ahora la que se quedó atónita fue Amira, jamás hubiera esperado que un hombre tuviera la mente tan liberada. Tanto que llegó a desconfiar de él por si tuviera un plan oculto, como tacharla de adultera con lo cual la muerte seria su destino.

—¿Qué pretendes? —contestó enojada, mientras cruzaban un puente sobre el rio Guadajoz encargado de regar las huertas del lugar, a su paso por *Casruh* (Castro del rio) donde se estaban construyendo sus primeros cimientos musulmanes, sobre los vestigios de la que fue una importante villa romana.

—Solo pretendo que seamos felices —respondió Salem sujetándole las manos con suavidad transmitiéndole confianza.

—No me fio, compréndelo, acabo de conocerte e ignoro tus intenciones porque me juego la vida en ello —objetó Amira dubitativa.

—Solo es una propuesta honesta para que todos estemos contentos y nada más. He sido yo el primero en ponerme en tus manos ¿Después de eso vas a dudar de mí?

Amira reflexionó un momento sopesando los pros y los contras, hasta que definitivamente tomó una decisión. Pensó que Salem estaba tan desesperado por conservar el amor de la otra mujer, que estaba dispuesto a arriesgar la vida haciéndola a ella partícipe de su secreto, por lo que le merecía confianza intentarlo.

—Está bien, accedo, pero no te inmiscuirás en mis asuntos.

—No te preocupes no lo haré, serás libre de hacer lo que quieras.

Sellaron el trato con un apretón de manos y miradas cómplices a las puertas de la antigua villa Baena, recientemente traslada a un emplazamiento más alto con intención de visualizar a los enemigos desde la distancia, *la Almedina,* un laberinto de blancas callejuelas estrechas típicas del sur, creadas con la intención de hacerse sombra mutuamente, facilitando por su infraestructura corrientes de aire fresco.

Salem sujetó amablemente con una sonrisa afectuosa las manos de Amira, para facilitarle la bajada del carruaje, mirándose el uno al otro complicita mente debido al pacto amistoso al que habían llegado.

Los criados extendieron una larga alfombra sobre el piso empedrado de la plaza, hacia la entrada principal del castillo en honor a la pareja. Salem se desvió de la pasarela encarnada, para asomarse al balcón de la plaza y observar sobrecogido, el bosque de colinas cubiertas con perfectas hileras compuestas por millares de olivos, proveedores del oro líquido que sustenta al Al-Ándalus con el aceite purificador.

Amira estiró el cuerpo para desentumecer los músculos, y al hacerlo, observó impresionada las diez torres pertenecientes al castillo, donde almorzarían y descansarían arropados por la hospitalidad de los lugareños.

Después de una opulenta comida en la cual solo mantuvieron conversaciones triviales con sus anfitriones, mostrándose como una pareja bien avenida que ya no interpretaba papeles, y una re ponedora siesta donde evitaron el aplastante calor de estas tierras, prosiguieron su viaje hacia *Medina Bahiga* (Priego de Córdoba) capital de una de las *coras* (territorios) andalusíes, protegida de la tempestad al amparo de las Subbéticas.

De vuelta a solas en el interior del carruaje, Salem quiso saber más sobre el joven que había estado cortejando a Amira. La observaba de soslayo desviando la mirada hacia los abruptos macizos de piedra caliza que conforman las Subbéticas, en el preciso momento donde se tornaron de un resplandeciente gris azulado, a un intenso tono violáceo, reflejo de los rayos ultravioletas del astro rey cuando llega al ocaso, un espectáculo embriagador para cualquier poeta sediento de inspiración.

Las sombras de los imponentes robles y encinas que les acompaña durante el camino, le transmitieron la energía necesaria para interrogar a Amira sobre sus amoríos. Insufló el aire impregnado con las fragancias de las jaras, tomillo, romero y un sinfín de hierbas aromáticas autóctonas, que endulzaron su atrevimiento.

—¿El hombre al que amas te corresponde?

El suspense se instauró en la mirada de Amira, que precavida, dudó en responderle con sinceridad. Pero el gesto relajado en el rostro de Salem, le confirió confianza, así que decidió revelar la verdad de sus sentimientos.

—Tanto, que declinó mi propuesta de fugarnos porque estoy dispuesta a cometer cualquier locura a cambio de seguir junto a él. Pero mi bienestar es más importante que sus deseos, y ahora está tan desolado, que piensa en huir para no vivir esta insufrible situación viéndome en brazos de otro hombre, pero el amor que me procesa se lo impide.

Salem se mostró compasivo cuando a Amira se le quebró la voz en sus últimas palabras, observando cómo las lágrimas amargas se suspendían al filo de los parpados transparentando el azul de sus ojos. Sintiendo por ella un repentino deseo de consolarla, la rodeó con sus brazos, donde ella lloró desconsoladamente, soltando toda la pena que la estaba ahogando, cuando él la abrigó con un abrazo amistoso sin pretensiones.

—Calma... calma... todo irá bien, y podréis estar juntos si él así lo admite—. Dijo Salem palmeándole la espalda.

—¿Y si no lo hace? ¿Tú admitirías compartir a tu amada? —Interrogó Amira desolada.

Un rayo de pánico se cruzó por la mirada de Salem al escuchar esa conjetura ¿Seguiré queriendo a Olivia si este hecho sucediera? Pensó mientras las dudas le acuchillaron el alma.

—¿Lo ves? No lo sabes, tu silencio te delata —recriminó Amira.

Imaginar a Olivia retozando con otro hombre le resultó deleznable, entonces se dio cuenta de lo mucho que Olivia lo amaba, por consentir ese misma situación que él deploraba, y juzgando que no era merecedor de ese amor, por haber dudado de sus sentimientos hacia ella.

El silencio de la reflexión los acompañó por las pintorescas callejuelas inmaculadas de *Medina Bahiga* (Priego de Córdoba) al anochecer, hasta llegar a su fortaleza árabe, observados por la variedad de aves que habitan en la torre cilíndrica, custodiada por cuatro torreones cuadriculados, diferenciándola por ello de otras fortalezas.

Tras un caluroso recibimiento por las autoridades con las que comenzaron a ejercer relaciones diplomáticas, para asegurarse su lealtad, bajo las antorchas precisas que alumbraban la oscuridad nocturna, volvieron a interpretar el papel marital con complicidad.

Pero esa noche Salem no quiso cortejar a su esposa a pesar de compartir alcoba, porque la visión del hombre que la amaba le infundió respeto, pensando que cualquier día él se encontraría en su misma situación, o mucho peor, porque él al menos trataba con respeto a Amira, pero ignoraba si Olivia también sería bien tratada por otro hombre. Imaginar un esposo al lado de ella maltratándola, le arrebató el sueño, conduciéndole a vislumbrar otra estrategia que evitara esa circunstancia.

La mañana se alzó clara y fresca iluminando la ilusión renovada de Salem, deseoso por contarle a Amira su nuevo y magistral planteamiento. Ella al verlo tan feliz sospechó que alguna argucia se traía entre manos, a la cual, le faltó tiempo de preguntar una vez estuvieron a solas de nuevo en la intimidad del carruaje.

—Dime ¿Qué has pensando ahora?

—¿Cómo lo has sabido? —preguntó Salem confuso.

—Las miradas autocomplacientes que me has lanzado toda la mañana te han delatado. Los demás piensan que estás tan feliz porque creen que hemos fornicado toda la noche. Irónico ¿Verdad?

—Pues si eso te parece irónico, espera a escuchar el nuevo planteamiento que te voy a proponer —dijo Salem entusiasmado, sujetando las manos de Amira con la confianza que su amistad le permitía.

—¿De qué se trata ahora? —preguntó Amira dubitativa.

—He pensado que mi amada se case con tu amado...

—Me parece bien —contestó Amira antes de que Salem terminara de explicar sus intenciones.

—¿Te parece bien? ¡Si ni siquiera has escuchado mis conclusiones! —dijo Salem sorprendido.

—Es obvio Salem, no eres el único que piensa.

—Y... ¿Cuál es tu conclusión? —preguntó Salem con suspicacia.

—Mi conclusión es que nuestros amados contraigan matrimonio frente a los demás, mientras en la intima fidelidad, estaríamos a solas con ellos como un matrimonio normal, así, nos liberaríamos los cuatro.

—Me dejas abrumado ¡Cuantos disgustos nos hubiéramos ahorrado de haber hablado antes tú y yo sobre este tema!

—No hemos tenido ocasión, recuerda que nuestra primera conversación privada fue ayer, así que habiéndonos sincerado, será mejor terminar de ultimar la estrategia, que comencé a fraguar desde que vuestras miradas os aislaron del desfile nupcial, delatando el amor que sentís el uno por el otro ¿Por qué crees si no, que te he interrogado desde el principio? Porque desde entonces estoy barajando esta jugada —aclaró Amira.

—Que astuta eres —tildó Salem en forma de alago— pero primero deberemos contarnos todo sobre nuestras parejas para saber cómo actuar.

—Me parece bien, comienza tú —solicitó Amira, con los oídos puestos en la palabra de Salem, que envió otro suspiro hacia Córdoba, antes de comenzar a describir a Olivia.

—Mi amada se llama Olivia y es una esclava cristiana. La primera vez que la vi, supe que iba a ser el amor de mi vida, porque jamás había sentido una necesidad tan imperiosa de estar con una mujer, como con ella....

Salem se dejó llevar por la exaltación de sus palabras en cada de detalle que contaba sobre Olivia, mientras Amira escuchaba emocionada, imaginando los sucesos que Salem narraba, el cual exceptuó los encuentros del hamman, su gran secreto.

—Y tú ¿Cómo conociste al tuyo? —Preguntó Salem expectativo al terminar su historia.

Amira miraba sin mirar, las escarpadas laderas de la Sierra Sur jienense cubiertas de bajo matorral, con todos los pensamientos centrados en el recuerdo de su enamorado, comenzando a narrar serena, su primera experiencia amorosa en *Madinat Ilbira* (Medina Elvira) lugar donde ellos se dirigían, la ciudad más importante de la vega de *Hins Garnata* (Granada) situada entre Atarfe y Pinos Puente.

—Yo en cambio necesité algún tiempo para enamorarme de Abdul. Cuando lo vi por primera vez, pensé que era un hombre larguirucho y famélico con ojeras enfermizas, algo desaliñado y el pelo corto despeinado. De hecho esa imagen fue la responsable de ponerlo a mi lado. Mi padre opinó que un hombre con tan mala presencia no me atraería, y así fue al principio, incluso me asqueaba las heridas de viruela que habían dejado huella en su rostro.

Su cometido era vigilarme en todo momento, hasta hacía vigilia en la puerta de mi alcoba para protegerme mientras dormía. Pero una tarde hace unos dos meses, cuando me bañaba en el río a escondidas porque mi padre me lo prohibió, ya que no quería exponerme a ninguna clase de peligro previo a la boda, me quedé atrapada en el lodo de la orilla. Abdul que se había convertido en mi sombra, se lanzó sin pensar a rescatarme.

Cuando estuvimos a salvo fuera del lodazal abrazados, me fijé por primera vez en sus ojos, que cobraron protagonismo en su rostro rodeado de barro, liberando con la humedad su fresco aroma a limpio. El verde agua de su mirada, me trasladó hacía las profundidades de su alma, donde habitaban en silencio la ternura y la bondad. Le agradecí el gesto heroico y le pedí por favor que no me delatara. Por supuesto no lo hizo, y desde ese momento, comenzamos a tener amenas conversaciones en cada salida furtiva con las que tanto disfrutábamos, convirtiéndose en mi protector y confidente. Solo que como cabía esperar en esta clase de relación, el amor surgió entre nosotros sin pretenderlo, o tal vez nuestro subconsciente así lo quiso, porque el razonamiento nos impedía enamorarnos, pero el alma no. Hasta que un día como si de un accidente natural se tratara, sucedió lo irremediable, nuestras emociones reprimidas desencadenaron una tempestad de pasiones, que nos unió en cuerpo y alma.

Amira bajó su mirada, entrelazando las manos sobre sus rodillas, con el semblante cabizbajo para hacerle a Salem una petición.

—Salem, te ruego que guardes en secreto lo sucedido la noche de bodas, no quisiera que Abdul se disgustara.

Salem posó su mano sobre las de Amira, para contestarle con honestidad observando su rostro cabizbajo.

—No recuerdo haberlo hecho, habrá sido un sueño.

—Sí. Eso habrá sido una pesadilla —Amira levantó la cabeza transmitiéndole a Salem con la profundidad azul de su mirada, el terror que sintió aquella noche. El gesto de Salem se tornó contrariado, ignoraba que para Amira el coito hubiera sido una tragedia, pero en realidad la comprendía, porque para él, también lo fue.

Ambos se relejaron en sus asientos, al cernirse sobre ellos un silencio de avenencia que los condujo a la meditación. Observando los dos cerros que flanqueaban el camino, cubiertos por un espesor de pinares, quejigos, chaparros y otras clases arboleas, que conforma el bosque mediterráneo, como vestigio de la naturaleza salvaje que antaño cubría todo el lugar, antes que la mano del hombre la cambiara por olivares, librándose de ello, por ser demasiado pendientes y escarpadas para su plantación.

Mientras, se acercan a *Qal´at Yahsub* (Alcalá la Real), por la parte más estrecha de la vía, donde se unen las abruptas colinas, cuando el sol estaba en su cenit, debilitando a la tropa por el insoportable calor, se escuchó de repente, un zumbido que cortaba el aire y a continuación, unos gritos de alerta.

—¡A cubierto! ¡Todos al suelo!

Tres enormes bolas de piedras recogidas en una red, camufladas bajo matojos, fueron columpiadas desde los arboles hacia la tropa por bandidos que aguardaban su llegada, derribando un tercio de la misma.

Amira, asomó la cabeza por la ventanilla para ver que ocurría, mientras Salem ipso facto, salió rabioso para ponerse al frente de la lucha. Al desenvainar la espada, observó que otras tres bolas de matorral bajaban veloces por una de las colinas, ordenando de inmediato salir del camino, donde el grupo era un blanco perfecto. Pero lejos de salvaguardarse en el interior del bosque, fueron atacados con colmenas de avispas lanzadas desde la altura de los pinos, por lo cual, buena parte de la tropa se extravió del lugar, manoseando al aire para deshacerse de los enfurecidos insectos. Una vez igualadas las fuerzas, un centenar de bandidos decidieron atacar cuerpo a cuerpo el resto de soldados que aguantaba estoicamente la emboscada, para hacerse con el botín que portaban como ofrenda de paz a los insurrectos nobles del sur.

Amira desconcertada, decidió protegerse dentro del carruaje, pero otra colmena fue lanzada en su interior, y no tuvo más remedio que escapar de allí despavorida. Corrió gritando hacia arriba por la pendiente del bosque, cubriéndose el rostro con su velo blanco, en sentido contrario a la lucha.

Salem, comenzó a aniquilar sin desdén a todo el que se interponía en su camino, obviando el dolor que le producían las diversas picaduras, merced a su gran aguante y experiencia como guerrero, contagiando de valentía a los soldados desorientados. Pero al oír los gritos de Amira, desistió en la lucha para acudir a su rescate.

A pesar de oírla, el espeso follaje del bosque impedía ver donde estaba. Siguió el sonido de los gritos hasta que dejó de escucharlos, entonces se concentró en observar el bosque, buscando cualquier pista que indicara su situación. Una liebre cruzó veloz entre los matorrales, y el vuelo alterado de unos pájaros bajo los pinos, le mostraron el camino. Al acercarse presuroso, divisó la figura inconsciente de Amira en el suelo, siendo agredida por tres vándalos que pretendían violarla.

Una furia contenida, activó toda la fuerza y energía de Salem cuando vio el denigrante espectáculo. En silencio, con la fría mirada de un cazador enfocando su presa, se dirigió sigilosamente hacia los atacantes para cogerlos por sorpresa.

Al primero, situado de pié observando cómo su compañero intentaba penetrar a Amira, le sesgó la vida atravesándole el corazón por la espalda. Al segundo, que estaba agachado sujetando los brazos de la misma, apenas le dio tiempo de reaccionar, dada la velocidad con la que Salem lo decapitó de un solo sablazo. Al tercero, le propinó una fuerte patada para apartarlo de ella. Expuesto boca arriba, le cortó los testículos y el pene que estaban al descubierto, dando alaridos de dolor, cuando sus partes nobles volaron por los aires.

Tanto los dos muertos como el agonizante, mostraban unos ojos completamente abiertos por la sorpresa. Salem, escupió sobre ellos rechinando los dientes, y se giró inmediatamente para auxiliar a Amira.

Arrodillado ante ella, se sobrecogió cuando vio el rostro deteriorado por las picaduras de las abejas y el golpe en la frente al subirle el velo. Ahora la bella musulmana, parecía un engendro de la naturaleza, pero al menos vivía. Salem la cogió en brazos para llevársela hacia el carruaje, perseguidos por la mirada odiosa de un cuarto vándalo, que robó las joyas de Amira, ocultando su cobardía tras una roca, amilanado por el procedimiento aniquilador que Salem había ejecutado con sus compañeros.

Al llegar, la lucha había cesado.

Acomodó a Amira que aún seguía desmayada en el carruaje, cubriéndole la herida con el mismo velo, acariciándole el mentón con un gesto cariñoso, antes de irse a comprobar los daños ocasionados.

Las bajas en ambos bandos fueron considerables en cuestión de veinte minutos. Los bandidos lograron llevarse una parte del botín, pero desistieron de hacerse con todo, porque los soldados estaban ganando terreno una vez se hubieron recompuesto de las avispas, motivados por la bravura que su general qa 'id ibn Salem les había trasmitido.

Éste ordenó de inmediato, que dos soldados portaran una misiva de auxilio hacia Alcalá la real, con los caballos más veloces. Después mano a mano junto con sus hombres, como uno más sin distinción de rango, despejó el camino de cadáveres y restos de lucha, para continuar su trayectoria.

A mitad de recorrido, una avanzada de soldados procedentes de Alcalá, les interceptó para escoltarlos hasta la ciudad. No sin que Salem diera su la última orden del día.

—La mitad de vosotros, id a darle digna sepultura a mis soldados. A los vándalos, los dejáis como festín para las alimañas.

# XIII

Recuperados y protegidos por la cálida acogida que recibieron en Alcalá la Real, divisaron desde los torreones de su imponente castillo de la Mota, las montañas penibéticas que embelesan con suspiros melancólicos. A tan solo una jornada de la cora granadina, Sierra Nevada los hipnotizó desde la lejanía, envolviéndolos con el aire helado de sus cumbres, ayudándolos a pensar con frialdad bajo un firmamento estrellado, presidido por una luminosa luna llena que iluminó sus pensamientos.

—Salem, todavía no te he agradecido que me hayas salvado. Podías haberme dejado morir, y te hubieras librado de la obligación de ser mi esposo, para vivir libremente con Olivia —expuso Amira mirándolo agradecida, con el rostro recuperado merced a los cataplasmas de vinagre que el médico de palacio le recomendó.

Salem frunció el ceño sorprendido por la ocurrente conclusión de su esposa.

—Me acabas de ofender Amira —dijo altivo— Si me conocieras, sabrías que soy incapaz de abandonar a una persona indefensa. Ni tampoco de esa clase de hombres que anteponen el bienestar a su responsabilidad, y mucho menos, resuelvo mis problemas perjudicando a otros.

—Perdóname, no era mi intención ofenderte. Solo es una idea que se me pasó por la cabeza, sin duda por el efecto del golpe —dijo Amira cabizbaja de arrepentimiento, por haber dudado de Salem.

—No te preocupes estás perdonada, pero ahora que lo has dicho... ya lo sé para la próxima vez —contestó Salem con media risita sarcástica.

—¡No te burles de mí! —protestó Amira devolviéndole el mohín, dándole una cariñosa bofetada en el hombro

—¿Sabes Salem? No seremos una pareja de enamorados, pero sí seremos buenos amigos —añadió entrelazando su brazo al de él, confiriéndose una mutua sonrisa fraternal.

—Cuando estemos en *Madinat Ilbira* me presentarás a Abdul, debo entrevistarle para saber qué rango militar está más acorde con su preparación. Como será ante la sociedad el esposo de Olivia, quiero lo mejor que le pueda ofrecer.

—Yo también he pensado contratar a Olivia como dama de compañía, para que podamos convivir los cuatro juntos, por si cualquier vez se filtrara nuestra relación, creerán que son nuestros amantes.

—Amira... ya son nuestros amantes —esclareció Salem encogiendo los hombros.

—Puesto que estamos aclarando posiciones... dime ¿Qué haremos con nuestros respetivos hijos? —Pregunto Amira expectante.

—También he pensado en ello, y lo mejor es que a cada cual se le asignará la educación que requieran sus aptitudes, no importará si son tuyos y de Abdul, o de Olivia y míos, al fin y al cabo, los tuyos serán míos legalmente, y los míos siempre gozarán de nuestra protección.

El silbido de la brisa en las alturas del castillo, los alejó a un futuro de riñas, gritos y alegrías infantiles, navegando por la armonía familiar junto a sus amores correspondientes.

—Salem, mañana conocerás a mis abuelos y los nobles de *Madinat Ilbira* que todavía siguen reacios al gobierno de Abderramán, por eso debemos hacer lo posible para asentar las bases de una paz duradera en el califato.

—Lo sé Amira, soy consciente de ello, pero donde nos jugamos la partida más importante es con Abdul, me preocupa que pueda traicionarnos cuando le expongamos nuestro plan.

—Por eso no te preocupes, Abdul es un hombre fiel que no traicionará al amor que nos procesamos.

Al día siguiente emprendieron el viaje, cuando el lucero del alba sucumbía tras el horizonte jienense.

En la recta final del trayecto, la luz matinal resplandecía sobre el rocío en las huertas de la Vega granadina. Las tres jornadas de viaje, les sirvieron para reconducir sus vidas a unas circunstancias que jamás habrían imaginado, merced a la tolerancia y la comprensión que habían nacido entre ellos. Ahora solo les quedaba la aprobación de sus parejas, para realizar en secreto una nueva vida compartida.

# XIIII

Una gran multitud recibió al nuevo matrimonio en su llegada a *Madinat Ilbira*, con la misma calor que irradiaba sobre sus cabezas el sol en su cenit, ya que fue designado día festivo para honrarlos, por traer la concordia a la región, acompañados durante todo el recorrido por la muralla que protegía la ciudad hasta llegar a la alcazaba, situada en el cerro del Sombrerete, donde residían sus abuelos en una de las múltiples casas palaciegas, que competían entre sí en lujo y esplendor, reflejo de la codicia de los nobles que las habitaban.

Los abuelos de Amira aguardaban reacios su regreso. Sabían que ésta unión era concertada y temían porque su nieta no fuera feliz, pero al ver las sonrisas resplandecientes de Amira y Salem, desaparecieron todos sus temores, porque esas miradas llenas de complicidad y complacencia, no se pueden disimular, dando por hecho que el matrimonio había comenzado con buen pie el inicio de sus cimientos. Ignorando por supuesto, que la verdadera razón de esas miradas no eran maritales, sino amistosas.

Y esa mentira con intenciones sinceras, más la diplomacia de Salem y la ofrenda que portaban, impresionó tanto en las autoridades contrarias a Abderramán, que les sirvió como ejemplo para reafirmar la conciliación del califato, por lo tanto,

117

su primera tarea estaba concluida. Ahora solo les quedaba aclarar el proyecto secreto con Abdul, ante el temor de Salem porque éste los delatara.

Abdul se encontraba ausente del mundo sacando brillo a su sable en el patio de armas, observando el reflejo de sus ojos frustrados en la hoja de la herramienta asesina, deseando usarla contra Salem, porque sentía unos celos vengativos desde que los vio en la lejanía sonreír cariñosamente, tocándose con gestos desinhibidos, intuyendo que éste había logrado hechizar a Amira con sus encantos.

Encantos que el carecía, y que sacaba de quicio imaginando a Salem usándolos con Amira. Temía porque la huella de sus caricias las hubiera suplantado el otro, y porque su olor en ella se hubiera difuminado. Recordó el calor de su cuerpo cuando la rescató del lodo, su figura perfecta ceñida bajo la túnica de algodón, que transparentaba la dureza de sus pezones y la oscura sombra de su feminidad.

Revivió la incertidumbre del primer besó que depositó en la mejilla de Amira. El segundo beso suave que ella le devolvió en la boca, colmándolo de dicha al sentirse correspondido y libre de amarla. El tercer beso apasionado saboreando el amor, que lo elevó al triunfo cuando ésta lo abrazó con la misma necesidad que él sentía por ella. Y cuando sus cuerpos retozaron desnudos bajo las aguas del rio, ocultos entre los juncos, testigos de los gestos lascivos en el rostro de los amantes. Pero sobre todo, las profundas charlas que unieron sus almas.

Ensimismado por los recuerdos, no escuchó acercarse unos pasos marciales a su encuentro, y una voz imperante tras de sí, le envió un mensaje.

—El general qa 'id ibn Salem reclama tu presencia inmediatamente —ordenó un soldado.

El brillo en el verde aguado de sus ojos se quedó paralizado, envainando desafiante su espada, para acudir desconcertado a la alcazaba donde lo esperaba Salem. La inquietud lo acompañó durante todo el trayecto, porque temía que el general lo acusara por cortejar a Amira, poniendo con ello en peligro la vida de ambos, y pensaba que antes de eso, lo asesinaría. Pero... —¿Cómo se había enterado? Él y Amira habían sido escrupulosamente cuidadosos en sus actos amorosos —se preguntaba.

Al entrar en el recinto corroído por las dudas, se cuadró para fingir pleitesía ante su superior qa 'id ibn Salem.

—Mi general, se presenta el soldado Abdul-ben Yusuf.

Salem dejó de estudiar los documentos que poseía entre manos, para alzar la mirada y observar detenidamente la figura de Abdul, que se mantenía firme e inmóvil ante él. Tal y como Amira le había dicho, era un hombre poco agraciado, muy alto y escuálido con una aurea galante, en cual evaluaba una mirada odiosa.

—Abdul te he mandado llamar porque tengo una orden para ti.

119

Abdul presintió que lo enviaría a tierras lejanas donde sucumbiría en alguna *aceifa* (incursión militar), con las que Abderramán había comenzado la reconquista de Al-Ándalus que tan mermada habían dejado los reinos emires, llenos de rivalidad y conflictos.

—Quiero que te cases con una joven cristiana.

El gesto fruncido de Abdul, cambió a otro sorprendido por la incomprensión.

—No puedo mi general.

—No se trata de cuestionar mi petición, es una orden y debes cumplirla.

—No puedo, mi corazón pertenece a otra mujer.

—No es mi problema ¿Vas a contradecir mi orden?

—Sí señor. No puedo cumplirla —negaba Abdul una y otra vez sin mirar a su superior.

—Eres consciente de que una orden incumplida me da derecho a quitarte la vida.

—Sí, lo sé mi general.

—Y si tanto amas a esa mujer... ¿Por qué no te casas con ella?

—No puedo.

—¿Por qué no puedes? ¿Es que tú no puedes nada?

—Ella está casada.

—¡Pues entones eres libre!

—Mi cuerpo es libre, mi alma es de ella.

—Entonces... estás dispuesto a sacrificarte por ella.

—Sin dudarlo mi general.

—¿Tanto amas a esa mujer?

—Más que a mi vida —esta vez Abdul miró directamente a los ojos de Salem, enviándole un mensaje retador.

—Pero ella te ha traicionado casándose con otro.

—No tenía otra opción. Su matrimonio concertado ha salvado muchas vidas, de ella dependía que eso ocurriera. Sentiré que la traiciono si me caso con otra mujer, porque yo sí tengo libertad de elección.

—Comprendo —dijo Salem sosteniendo la fría mirada de Abdul.

Un silencio reflexivo se hizo en la estancia, hasta que Salem quebró con una frase increíble para Abdul.

—¡Amira, ven a saludar a tu hombre!

Amira salió como una aparición estelar, detrás del biombo que la mantenía oculta, lanzándose a los brazos de Abdul, que se mantuvo impertérrito aunque las rodillas le temblaran por la emoción.

—No te preocupes mi amor, todo saldrá bien. Sabía que no me decepcionarías —dijo Amira consolándolo, alzando las puntas de los pies para besar sus labios.

Abdul continuó inmóvil por la incredulidad de las circunstancias sin parar de parpadear, no se fiaba de su buena suerte y decidió que el momento discurriera por sí solo a la espera de una aclaración.

—Abdul siéntate —ordenó Salem.

Amira lo acompañó hasta el diván alejado de la ventana para evitar testigos incómodos. Al sentarse, se le relajaron los músculos notando un vahído que casi lo desmaya.

—Abdul perdona mi postura —se disculpó Salem frente a él, mirándolo fijamente a los ojos para transmitirle confianza— pero tenía que comprobar hasta dónde llega tu fidelidad.

Amira y yo, hemos trazado un plan para que ambos podamos disfrutar la vida con nuestras respectivas parejas.

Es cierto que debes casarte con Olivia.

Olivia es la mujer que amo, y por ella soy capaz de hacer lo mismo que tu. Vuestro matrimonio se legalizará ante la sociedad, pero en la intimidad de nuestro hogar, seremos matrimonios reales con nuestras mujeres. Tú con Amira y yo con Olivia ¿Comprendes lo que te estoy diciendo?

Abdul estaba tan desconcertado que no podía contestar, solo pudo girar la cabeza hacia Amira cuando ésta lo solicitó sujetándole el mentón.

—Cariño es la única forma de liberarnos y poder compartir nuestro amor.

Amira mimosa, acarició la mejilla de Abdul al que le costaba asimilar esta nueva situación. Pasó de necesitar asesinar a Salem a querer abrazarlo de alegría, ya que no le cabía más dicha en su corazón, porque jamás habría imaginado un desenlace tan bienaventurado. Por ello, su rostro se iluminó con una sonrisa de aprobación. Miró a Salem para asentar con la cabeza el trato, antes de besar a Amira con tanto amor, que casi le dolía el alma.

Salem sonrió pensando, que pronto, él también sellaría su amor con la mujer de su vida.

# XV

La sensación melancólica a mediados de verano, afligía aún más la tristeza de Olivia que discurría por el día a día abatida y desorientada. Dejó de nutrir el cuerpo para alimentar su imaginación con imágenes eróticas entre Salem y Amira, corroyéndole las entrañas vacías desde que Salem se fue. Cuestión que empeoraba cuando visitaba el hamman, por el recuerdo vivo que le transmitía la fragancia de los ungüentos y vapores, perfumados con esencia de azahar.

Esther la guardiana del hamman, se acercó a Olivia que suspiraba en el banco de mármol tras la celosía de costumbre, donde aguardaba las órdenes de Soraya.

—Olivia una persona reclama tu presencia en mi casa.

A Olivia se le estremeció el alma rogando a Dios que esa persona fuera su amado Salem.

La incertidumbre crecía cuánto más se acercaba a su destino, poseída por un puñal de nervios que le oprimían el estómago. Al salir a la calle, la sonrisa picarona de Junio fortaleció su hipótesis. Un particular aroma masculino que percibió cuando entró en la casa, incrementó su nerviosismo, y en el ventanal donde ambos se reunían, encontró esperándola la figura que tanto deseaba volver a ver.

—¡Salem! —Exclamó Olivia derramando lágrimas jubilosas que escurrieron su triste caparazón, debilitándole las piernas, al desprenderse la presión que estuvo envolviéndola durante tanto tiempo, cayéndose al suelo porque su frágil cuerpo no soportó tanta emoción.

Como un "déjà vu," volvió a revivir la misma sensación de la primera vez que conoció a Salem, cuando éste la alzó del suelo después de atropellarla. Solo que ahora, fue embestida por un amor torrencial.

Salem la posó sobre su regazo, observando la desmejorada figura de su amada mirándola con devoción. Besó su boca dulcemente para suavizar el tormento que le había infringido, volviéndose a estremecer con leves calambres placenteros, exclusivos en los labios de Olivia.

Ella abrió los ojos al percibir la chispa que él le transmitió con el roce de su piel. Ahí estaba otra vez, reflejada en el cristalino negro de Salem, diciéndolo todo con la mirada.

No hicieron falta palabras. Solo el impulso de Salem para llevarla en brazos, y el beso interminable que los guió inconscientemente hasta su cuarto secreto, para volver a sentirse uno, bajo los tragaluces estrellados que iluminaron su pasión.

Salem la posó suavemente en las alfombras, donde recorrieron exasperados con las inquietas manos, cada rincón de sus cuerpos, estremeciéndose con el ardiente aliento que les quemaba cada poro de sus pieles, sintiendo una intensa plenitud al llenar el vacío placentero, habiendo pasado cuatro semanas de soledad, cayendo exhaustos al finalizar el torrente sexual.

—¡Te quiero! ¡Te quiero! —pronuncio Salem adentrado en Olivia, recreándose en las jugosas profundidades engendradoras, reacio a abandonarlas temiendo porque ese momento tan especial desapareciera, si Olivia no aceptaba su proposición. Deseoso por seguir formando un único cuerpo, besó su cuello y hundió su rostro sobre los voluminosos pechos, loco de amor.

Olivia volvió a derramar lágrimas de júbilo pronunciando el nombre de su amante.

—Salem... Salem...

Éste lamió las lágrimas y besó los ojos de Olivia. Ella respondía mordisqueando los labios de él, bebiendo el uno del otro los fluidos bucales, restregando el sudor de sus cuerpos volviéndose a excitar. Olivia notó en su interior cómo el miembro de Salem se erigía nuevamente con fuerza, estimulado por el comportamiento vehemente de ella, y por segunda vez, iniciaron su cabalgadura erótica.

Ella tomó la iniciativa empujando a Salem hacia un lado, para colocarse encima de él introduciéndose su miembro hasta el fondo, explosionando de placer al hacerlo. Salem expandió su ser en el cálido interior, deleitándose con la esplendorosa desnudez de Olivia, maravillado con tanta belleza irradiadora de furor y complacencia. Estrujó los senos como si de fruta madura se tratara, para acercarlos hacia su sedienta boca y sorber toda su liviandad, sintiendo constantemente intensos calambres sicalípticos.

Olivia se volvió a estremecer al sentir cómo Salem la devoraba, y comenzó a mover las caderas en círculo, a la vez que subía y baja el cuerpo. Con cada giro removía el gusto en sus entrañas, y con el acto de apretar y relajar la vagina consecutivamente, succionaba las esencias de Salem, que insoportablemente gozoso, sujetó las caderas de Olivia, para concentrase en el inmenso disfrute que su mujer le estaba proporcionando, la única, que lo elevaba a un infinito de sensaciones celestiales, hasta que el suave y penetrante ritmo sexual, explosionó en ambos a la vez.

Relajados, pensó Salem que éste era el mejor momento para contarle a Olivia la resolución a la que Amira y él habían llegado, situados el uno frente al otro, con las piernas entrelazadas mirándose con fervor.

—Tesoro mío, quiero que sientas la seguridad, de que tú, eres la única mujer que amo —declaró acariciando la mejilla de Olivia— Amira solo es mi esposa ante la sociedad, y nuestra amiga.

Olivia frunció el ceño al no comprender que su rival fuera ahora su amiga, sin ni siquiera haberla tratado.

—No me mires a la defensiva, te explicaré por qué.

Ella ama a otro hombre, al igual que yo te quiero a ti. Nuestro matrimonio sin vosotros sería insufrible, así que hemos llegado a un acuerdo beneficioso para los cuatro. Deseo como agua de mayo, que aceptes la propuesta para que podamos vivir juntos el resto de nuestra vida.

—Pues dime de qué se trata, parece prometedor —exigió Olivia.

—Lo es, y mucho, pero no me interrumpas hasta que termine de contártelo todo.

Salem desvió la mirada, suspendiendo sus recuerdos en las partículas que se filtraba a través de los tragaluces del techo, hasta organizarlos en su mente antes de continuar hablando.

—Amira comenzó a interrogarme desde el principio de nuestro viaje y decidí responderle con sinceridad, que tú eres el amor de mi vida. Pero lo sorprendente, es que ella también me confesó que estaba enamorada de otro hombre. Entonces ambos di lucimos la misma idea. Más bien fue ella la que me indujo a hacerlo. Con mucha sutileza, me guió haciendo conjeturas y preguntas que me llevaron a esta resolución, haciéndome creer que había sido idea mía.

Salem apretó el hombro de Olivia mirándola profundamente, para convencerla a través de ella.

—Amira es muy astuta, y pese a su aspecto altivo y arrogante, es buena persona, creo que os llevaréis bien.

Antes de continuar, Salem inspiró aire profundamente, mientras Olivia permaneció calladita pendiente de la deliberación.

—Por eso pensamos que lo mejor sería... que tú... que tú —titubeó inseguro el guerrero más temerario del califa— que tú te casaras con su amado, para conquistar la libertad dentro de los muros de nuestro hogar.

Olivia sorprendida no paraba de pestañear.

—Piénsalo bien tesoro, tenemos en nuestras manos vivir juntos, el matrimonio entre tú y Abdul solo es un trámite para nuestra liberación. Yo contrataré a Abdul como mi guardaespaldas, y Amira a ti como dama de compañía para no levantar sospechas. Pasados unos días fingiréis que estáis enamorados y os casaréis. A continuación asignaremos las habitaciones pertinentes para que Amira y tú, gobernéis vuestra propia familia por separado, sin tener que rendir cuentas a nadie. Parece complejo pero no lo es.

Salem observó la inseguridad de Olivia en su mirada, y para rematar el envite, apuntó con el arma más poderosa.

—Olivia podrás darme los hijos que tanto deseamos tener juntos.

Olivia jamás hubiera imaginado que esa mujer fuera a ser su amiga, y mucho menos compartir la vida con ella. Pero si eso significaba mantenerse al lado de Salem junto al fruto de su amor, estaba dispuesta a hacerlo. Pero antes quería saber si Salem iba a ser honesto con ella.

—Salem... antes tengo que saber algo. Pero necesito que seas sincero conmigo —aguardó unos segundos de silencio, observando la mirada de Salem, para percatarse de la veracidad de su respuesta al lanzarle la pregunta.

—¿Has hecho el amor con ella?

—No fue el amor, fue un único acto con la ropa puesta, mecánico, frío y deprimente, que nos entristeció a los dos. Con ello, corroboramos que nada sentimos el uno por el otro. Dándonos cuenta, que nuestras vidas serían una continua tortura. Ella sin Abdul, y yo sin ti.

Olivia percibió un arrollador estruendo de sinceridad, por lo cual, abrazó a Salem para calmar su inquietud.

—Amor mío, no te preocupes por eso, ya es agua pasada, yo voy a estar a tu lado siempre que me quieras —declaró Olivia.

Ahora fue ella quien besó las lágrimas de Salem, desbordado por la emoción después de soportar la presión que suponía para él, imaginar un rechazo por parte de Olivia, dada su educación cristiana. Embargado por el entusiasmo, la agarró por la cintura con fuerza para atraerla hacia él.

—Siempre te querré, en mi vida no necesito más mujer que tú —declaró Salem, besándole la frente en señal de respeto.

Y beso a beso, caricia a caricia, volvieron a hacer el amor. Esta vez, pletóricos de júbilo al sentirse bendecidos de hacerlo.

Olivia no sabía qué excusa usar para explicar su desaparición, cuando Esther la guardiana del hamman se acercó a la pareja al llegar al patio mediador, que en el calor de pleno verano conservaba todo su esplendor floral.

—Olivia, tu ama está muy enfadada contigo por haberte marchado sin darle explicaciones. Yo le he dicho que necesitaba que acompañaras a mi hija al sanador. Le dije que Salem la había atropellado. De todos modos sospecho que no me ha creído.

—Bueno caerá sobre mi conciencia el peso de otro atropello —dijo Salem con media sonrisa sarcástica—. Te acompañaré a tu casa —propuso—. Con mi presencia no se atreverá a castigarte. Y si lo hace en mi ausencia dímelo, yo encontraré la manera de devolverle el mal que te haga —se giró para agradecer a la guardiana su gesto de complicidad.

—Gracias Esther, serás recompensada.

Esther agachó la cabeza en señal de aceptación y se marchó.

En efecto, tal y como había pronosticado Salem, Soraya no se atrevió a recriminar a Olivia en su presencia. El general favorito de Abderramán infundía un respeto marcial que no admitía objeciones. Pero como la mujer ladina que era, mandó espiarlos porque algo en el comportamiento de la pareja, le hizo sospechar que ahí, había algo más.

# XVI

Todo transcurría ameno y alegre en la vida de los amantes.

Amira disponía ilusionada las habitaciones que compartiría con su amado Abdul, en la casa palaciega de Salem, después de saber que Olivia había aceptado el trato. Esperarían hacer las presentaciones entre ella y Abdul cuando éste viniera desde Granada, para unirse al ejército que Abderramán había congregado para luchar en la frontera cristiana, junto a las tropas africanas.

Mientras, la pareja de amantes seguían encontrándose a diario en el hamman. Solo que ahora, al anochecer, ante la desconfianza que presentían por parte de Soraya, Olivia salía de casa por el postigo de las cuadras disfrazada de jovenzuelo, para acudir a la esquina donde Salem la esperaba ilusionado, para custodiarla hasta el hamman.

Allí, moldeaban su amor en la penumbra, envueltos en un ambiente mágico, donde la luz blanca de los rayos lunares que se filtraban a través de las ventanas, iluminaban su desnudez.

No solo hacían el amor en cada uno de sus rincones, también despertaba su pasión el tablado de los masajes. En el mismo, Olivia untaba los aceites perfumados en Salem con sinuosidad, palpando cada curtido músculo de su cuerpo, provocando un especial hormigo en él, cuando rozaba y besaba sus genitales. Llegado el turno de ella, Salem hacía lo propio, a diferencia que éste, interrumpía el masaje porque le urgía penetrarla, tras haberle acariciado y besado el pecho, los glúteos y lo que estos esconden.

Todo un ritual sexual, desde el primer cosquilleo que sentían con las gotas de aceite cayendo por sus cuerpos, restregándoselo el uno al otro, hasta que Olivia tumbada en el tablado recibía de Salem todo su ser. En una postura donde él erguido y ella con las caderas al filo del mismo, abrazaba a Salem con sus suaves piernas por la cintura, donde ambos podían disfrutar de las esplendorosas vistas que les ofrecía la desnudez de sus cuerpos.

Olivia se sentía completamente excitada, al ver a Salem alzado como un titán de imponente tórax con los músculos tensos, concentrando su fuerza en cada embestida que tronaba toda la adrenalina de sus cuerpos. La penetrante mirada negra de su hombre, hipnotizaba sus sentidos hasta hacerle el amor a su alma. Mientras, él enloquecía viendo los gestos lascivos de Olivia, observando el bamboleo de sus blandos y suaves pechos, siguiendo los movimientos suaves y penetrantes de máxima intensidad que él marcaba. Obligados a cerrar los ojos, cuando el ritmo acelerado previo al clímax total, estaba a punto de extasiar el final con jadeos que rompían el silencio.

Luego, sosiego, bienestar, complacencia.

—Tengo miedo de tanta felicidad —dijo Olivia abrazada a Salem dentro del agua, donde decidieron bañarse tras el coito.

—No tienes por qué, todo saldrá bien, tranquila.

—Es que jamás he sido tan dichosa, no esperaba que la vida me regalara un hombre como tú.

—Yo tampoco espera una recompensa tan valiosa como tú, pero así lo ha querido Alá, y así será.

—¿Crees que nuestra diferencia religiosa nos apartará algún día?

—Seguro que no, porque tú, eres mi religión, lo demás es solo una forma de hablar.

—Tú también eres mi Dios y nada más me importa.

Relajados en las aguas templadas del aljibe, se volvieron a dejar llevar por sus impulsos naturales, formando un pequeño maremoto al agitarlas con movimientos sexuales.

El proceso de liberación estaba bien planeado. Salem compraría a Olivia por su condición de esclava al precio que fuera, pero en los entresijos de las circunstancias, la felicidad esperanzadora de la que disfrutaban, se estaba viendo amenazada por una perversa maquinación, llena de rencor.

—Señora, Olivia acude cada noche al hamman disfrazada de hombre, acompañada de qa 'id ibn Salem, general de los ejércitos de Abderramán y su hombre de confianza —comunicó la espía que Soraya había contratado—. Mi contacto después de una semana de seguimiento, me ha confirmado que son amantes. Según su intuición, ha llegado a esa conclusión, guiado por la expresión risueña y complaciente con la que abandonan el hamman al amanecer.

En los ojos de Soraya, un brillo vengativo encontró el lugar que tanto tiempo llevaba esperando. Ahora solo le faltaba rematar la jugada, para aniquilar la sonrisa perfecta de su esclava, que tan insignificante y superficial la hacía sentir por su humildad y dulzura.

La odió desde el primer momento que pisó el suelo de su casa, porque nunca había visto la sonrisa satisfactoria de su padre, hasta que llegó ella. De nada habían servido sus esfuerzos por agradarlo y Olivia sin meritos propios, vino a arrebatarle el protagonismo.

—Toma veinte dírham como recompensa a tu fructífero trabajo —Soraya sustrajo de un pequeño cofre las monedas, sonriendo maléficamente mientras se las daba a su criada, que sorprendida por la generosidad de su patrona, le besó la mano agradecida.

—¡Ah! Y no le digas nada a nadie, solo quédate pendiente por si ocurre algo más.

—Si señora. Por supuesto siempre a su disposición.

A la criada no le importaba el futuro de Olivia, vendería su alma por tener unas monedas que alimentaran a su prole, aunque con ello tuviera que servirse de la traición. El hambre y la miseria privan a las personas de elección, porque prima el derecho a la supervivencia, circunstancias que usan los poderosos para manejar a su antojo la desesperación del prójimo más vulnerable, a través de todos los tiempos.

Soraya se dirigió presuntuosa hacia las dependencias donde su padre solía hacer vida, encontrando su avaro rostro repasando unas cuentas por la venta de unas armas que le habían otorgado sustanciosos beneficios, con los que pagaba la fastuosa decoración de tapices, alfombras, mobiliario de coloristas filigranas, forjas, lluvia de cristal y ornamentaciones en oro, que decoraban la casa.

—Padre, debes saber algo sobre Olivia.

—Que pasa esta vez, siempre estas avasallándola —contestó resignado el grasiento hombre por los celos de su hija.

—Lo que voy a decirte no es una pataleta de las mías, es algo muy serio sobre ella. —El comerciante la miró dudando de su palabra.

—Dime ¿De qué se trata?

—Olivia se encuentra a diario en el hamman con su amante el general qa 'id ibn Salem —dijo tajante.

Un crujir de mandíbulas proveniente del comerciante rompió el silencio, dilatándosele los ojos por la sorpresa.

—Estás segura, no quisiera ser injusto con ella, es una cuestión muy grave la que me transmites. —Dijo con la voz serena y el alma inquieta.

—Si padre, aunque dudes de mi palabra porque ella tiene tu mente ofuscada. Ya sé que la prefieres antes que mí.

—Tú eres una de tantas hijas que me beneficiaran con matrimonios concertados, no puedes darme lo que quiero de ella. Por eso es tan importante que estés segura de lo que dices.

—Llámala y compruébalo tú mismo —solicitó Soraya despectivamente ante la incredulidad de su insultante padre.

Olivia acudió preocupada a la estancia donde había sido reclamada, porque sabía que algo tramaba Soraya, y al entrar, se topó con su mirada desafiante.

—¡Túmbate en el diván! —Ordenó el ama con todo su odio.

Olivia obedeció cuando miró el gesto solicito del comerciante, y según el ambiente hostil que se respiraba, creyó que era lo más conveniente.

Una mujer oculta en la penumbra se acercó a ella. La misma anciana que abrió las puertas a Junio, también abrió las piernas de Olivia, que se reveló contra este acto denigrante cerrándolas.

—¡Abre las piernas zorra! —Gritó Soraya.

Olivia suplicó con la mirada al comerciante que obvió su petición.

—Hazlo —dijo éste ásperamente.

Olivia abrió las piernas cubriéndose con el vestido hasta las rodillas. De todos los hechos deshonrosos al que Soraya la había sometido, éste era sin duda inmensamente el más vejatorio de todos. Lágrimas indignadas corrieron por sus mejillas, y cuando notó que la anciana hurgó sus entrañas, estalló un quejido pavoroso que acrecentó su humillación.

El comerciante notó cómo una efervescente excitación, erigía su pene al ver la lozana piel nívea de Olivia. Pero su semblante atento en todo momento, se turbó odioso cuando la anciana asentó con la cabeza, mientras Soraya se mostró triunfal y satisfecha.

—Padre, ya ves que no te he mentido. Olivia no es pura. Ahora tienes el deber de reponer el honor que ella ha mancillado. Si no lo haces nadie te respetará, incluida yo, porque no has sido capaz de guardar la pureza de tu esclava —añadió henchida de gloria.

Soraya dio un giro de soberbia y salió de la habitación seguida de la anciana, dejando a Olivia helada por el pánico que le transmitía la mirada perniciosa del comerciante.

—¿Por qué me has hecho esto? —Señaló hacia el paño inmaculado que le sirvió a la anciana para comprobar la virginidad perdida—. La mancha que le falta a éste trapo la has puesto en mi persona, y no voy a perdonar tu ofensa —amenazó arrugando con ira el paño delator.

Olivia perdida en las dudas no supo qué decir. Sabía que cualquier contestación ofendería aún más al comerciante, y sólo se limitó a incorporarse con la ayuda del poco orgullo que le quedaba.

—¡No lo hagas! ¡No te levantes puta! —gritó el comerciante.

Éste perdió el respeto a la que un día creyó que se convertiría en su décima esposa. La había estado protegiendo todos esos años esperando que madurara para recoger el ansiado fruto llegado el momento. Pero ahora frustrado porque su cosecha se había adulterado por una pasión invasora, después de tantos años de continencia reprimiendo su necesidad sexual por ella, explosionó en un rencor ignominioso deseoso de venganza.

El miedo conmovió a Olivia al captar las intenciones del comerciante, cuando se acercó furioso con la chispa de su mirada encendida por la lujuria.

—¡No! ¡No! —Gritó cuando el comerciante se abalanzó sobre ella.

De nada le sirvió el forcejeo que mantuvo con él, porque a éste, la adrenalina le produjo la fuerza suficiente para sujetarle con una mano los brazos en alto, mientras con la otra maniobraba la penetración.

Olivia asqueada por el olor y los fluidos ajenos que el comerciante le impregnaba sobre su piel, comenzó a dar arcadas. Y en un espacio entre náuseas pidió socorro.

—¡Soraya! ¡Soraya! ¡Por favor ayúdame! ¡No lo consientas!

Pero Soraya hizo oídos sordos, arreando a la anciana que se mostró más compasiva deteniéndose para afrontar la situación.

—¡Vámonos, ya no es asunto nuestro! —Y se marcharon escuchando cómo los gritos se alejaban en la distancia.

Cuanto más chillaba Olivia, más se excitaba el comerciante, sintiéndose poderoso porque estaba venciendo la resistencia que ella ofrecía. Le soltó los brazos cuando la hizo suya con la ayuda de su corpulento cuerpo, para arrancarle las ropas de un tirón, dejándola semidesnuda, a la luz de su mirada ofuscada por la pasión, alterándose aún más, cuando vio los exuberantes pechos con los que tantas veces había soñado. Comenzó a morderos, lamerlos, chuparlos con tanta ansiedad como un sediento al agua, mientras penetraba forzadamente las entrañas paralizadas de Olivia.

—¡Te matará! ¡Te matará! Amenazó ella, sintiendo abatida cómo el miembro del comerciante le rasgaba la vagina.

Éste le amordazó la boca con su áspera mano, y ella la mordió llena de rabia acrecentando la ira del comerciante, que reaccionó devolviéndole una fuerte bofetada. Si antes era doloroso el acto, ahora lo estaba siendo aún más, porque en cada embate, el comerciante trasladaba todo su odio a las entrañas de Olivia raspándolas de dolor.

Como ella no le facilitaba la penetración, le amarró las muñecas con la cinta roja del vestido a los brazos del diván. Enteramente a su merced, el comerciante se tomó unos instantes para recrearse en la hermosa desnudez de Olivia. Profundamente excitado, la palpó y babeó centímetro a centímetro, mientras ella coleaba asqueada para deshacerse de él. Pero al contrario de disuadirlo, la lucha lo incitaba aún más, porque en cada movimiento que ella repelía, él penetraba hasta el máximo en su interior.

Cuando se percató de que el comerciante se excitaba con su rebeldía, dejó de moverse, y éste enojado por la pasividad de Olivia, la volvió a abofetear.

—¡Muévete puta! ¡Menéate para mí como haces con ese cerdo!

Olivia recibió estoicamente quieta cada guantazo que el comerciante le propinaba, como insurrección hacia él. Éste acabó debilitado por el esfuerzo que le costó doblegarla, pero al final, logró eyacular en su fondo. Dejado caer sobre el cuerpo de Olivia exhausto, escuchó cómo ésta lo amenazaba.

—Te matará, si no lo hago antes yo —dijo sin inmutarse, como si su cuerpo se hubiera quedado insensible.

Éste se apartó de Olivia dándole la última bofetada.

—Será al revés niña —contestó con una sonrisa tiránica antes de irse dejando a Olivia maniatada y dolorida en el diván, con cuentas de seguir sirviéndose de su cuerpo.

Olivia medio desnuda con las vestiduras desgarradas, se giró torpemente para morder el nudo y desatarlo con los dientes, pero su esfuerzo fue en vano porque para su sorpresa, el comerciante entró con una cuerda para amarrarla de pies a cabeza. No era tan ingenuo como ella pensó, cuando se fue sin más.

—¿No creerías que te iba a dejar sola? ¡Perra cristiana! Todavía no he acabado contigo, me costó mucho dinero comprarte. He estado cuatro años esperando a que maduraras y ahora tengo que recuperar lo que queda de mi inversión. Y cuando me harte de ti, te alquilaré como carnaza, hay miles de hombres que me pagaran muy bien por joderte —dijo el ruin con voz socarrona.

—Antes te matará. No dejará ni un trocito de tu cuerpo sin descuartizar —volvió a amenazar Olivia con un odio desconocido hasta entonces para ella, incluso más que cuando se llevaron a los suyos como esclavos después de saquear su hogar.

El comerciante presintió que eso podría suceder. Concienciado de que Salem era un general despiadado con sus enemigos, decidió deshacerse de los dos.

Dejó a Olivia amordazada y bien atada al diván, antes de irse a pedir audiencia a los esclavos que servían a Abderramán.

Fátima escuchó desesperada los gritos de Olivia, y esperó escondida bajo la escalera a que su amo se marchara para socorrerla. Subió por ella sigilosamente para no despertar sospechas, y abrió la puerta donde encontraría a su amiga maltrecha.

El sacrilegio que se había cometido con Olivia, que yacía ensangrentada y amarrada sobre el diván, mirándola quebrada por el dolor, impactó en ella provocándole un vahído que le aflojó las piernas. Pero a pesar de eso, acudió ipso facto a socorrerla llorando de impotencia, cometiendo el error de comenzar a desatarla por los pies, sin que Olivia pudiera ayudarla.

—¿Qué te ha hecho chiquilla?... ¿Qué te ha hecho? —pronunció Fátima entre lamentaciones.

Los ojos de Olivia se dilataron por la sorpresa y quiso a través de ellos avisar a su amiga del inminente peligro sin parar de gemir, pero Fátima estaba tan ocupada desatándola que ignoró la sombra que cubría su cuerpo, por lo cual, recibió un fuerte golpe en la cabeza derribándola al suelo. Pero su miedo por Olivia le impidió desmallarse.

Entre brumas y mareos detectó una figura femenina dispuesta a darle el golpe de gracia. Sacando fuerzas de ira, se levantó para embestir a su agresora derribándola al suelo, ambas forcejearon y Fátima pudo ver con claridad que se trataba de Soraya. Comenzó a golpearla y arañarla, mientras Soraya le devolvía los golpes con furia.

Se levantaron abrazadas por el odio hasta que Fátima logró arrinconarla sobre el escritorio, apretando con todas sus fuerzas el cuello de Soraya como una madre protectora. Ésta, amoratada y vencida a punto de desmallarse por la falta de aire, merced a la fuerte corpulencia de Fátima, recordó que su padre tenía un abrecartas en la mesa, así que tanteó con la mano el lugar donde solía dejarlo. Al tocarlo, lo agarró firmemente, para asestarle una puñalada al cuello de su contrincante con la poca fuerza que le quedaba.

Olivia gritó de rabia e impotencia al no poder evitarlo, cuando vio a Fátima presionando con las manos la herida que Soraya le había acertado en toda la yugular, brotándole la sangre a borbotones por donde se le iba la vida.

El pánico se cruzó en la mirada de Fátima y Olivia, como el final de una relación basada en el amor, la complicidad y el apoyo, de una amistad pura entre las dos. Los lazos sentimentales de ambas, sujetaron unos instantes el cuerpo de Fátima antes de desplomarse, provocando el llanto desconsolado de Olivia donde la pena le estaba consumiendo el alma, al ver cómo yacía muerta la mujer que hizo las veces de madre, mientras Soraya, recuperaba el resuello con mirada triunfal.

Ésta vociferó pidiendo auxilio, e inmediatamente acudieron los sirvientes a su llamada.

—Fátima me ha atacado y he tenido que defenderme.

Dijo extenuada mostrando las heridas que su criada le había asestado, como muestra de la veracidad de sus palabras que la eximirían de represalias, a la vez que se recomponía las ropas y el pelo.

Los sirvientes se horrorizaron al ver el panorama violento que se había desatado en esa habitación. Por un lado, Olivia violada, Fátima asesinada y Soraya herida, y todo, por la obstinación y el desarraigo de un hombre malvado. Si éste ser vil hubiera mostrado más cariño por su hija que por la obsesión sexual hacia Olivia, nada de esto hubiera ocurrido.

# XVII

El comerciante ajeno a lo sucedido en sus aposentos, ordenó cargar un carruaje a seis de sus criados, con un gran cofre repleto de monedas y joyas como ofrenda hacía el califa, para comprar su petición.

Se dirigió hacia la fastuosa y recientemente creada *Madinat al Zahra* (Medina Azahara) por el Camino de los Nogales, la vía más rápida desde la ciudad. Fundada por Abderramán para regentear de preponderancia sobre sus enemigos, y cuyo nombre se debe al amor que éste le procesaba a su favorita, Azahara.

Acercándose, observó impresionado que la ciudad palatina se alzaba resplandeciente y majestuosa sobre las faldas de Sierra Morena. Distribuida en tres terrazas debido a la dificultad abrupta del terreno, elegido por su valor paisajístico desde donde se vislumbra el fértil valle del Guadalquivir, la cual disponía de una extraordinaria red de aguas y alcantarillado.

Al llegar a la nueva cuidad, un trajín inusual se había instalado en ella. Miles de soldados acampaban en el llano. Máquinas bélicas de última generación y deslumbrantes armaduras, resplandecían alrededor de la metrópolis, lo que le hizo ganar una fortuna con el comercio de armas, víveres y neceseres para la guerra.

La gran ofrenda de tesoros que presentó ante los guardianes de la Puerta Norte, adelantó su recibimiento, colándose delante de centenares de personas que también solicitaban los favores del califa.

Tras atravesar la imponente muralla, un camino pavimentado de mármol adosado a muros cubiertos con vistosas alfombras, lo condujo hacia la parte alta donde se eleva solemne el Palacio de Zarha. Arraigado en los desniveles de la ladera, presenciando desde la altura los suntuosos edificios de la urbe, elaborados con una imponente arquitectura de adobe, reforzada por elegantes arquerías y columnas de mármol blanco para cobijar el animado ajetreo urbano, refrescado por los exuberantes jardines esparcidos por toda la metrópolis, bendecida por la nueva Mezquita Aljama, donde la población encontraba la paz interior rezando hacia la Meca.

Supo que el recorrido había acabado cuando se topó con el Gran Pórtico. Sus formidables catorce columnas decoradas con una sencilla elegancia, de alternancia entre dovelas de ladrillo y piedra, le brindaron el acceso a la inmensa plaza donde se encontraba el núcleo del alcázar, que protege las residencias más nobles, denotando su esplendor en las fachadas y pavimentos revestidos de mármol blanco, arquerías y columnatas, todo exquisitamente tallado con género arabesco.

Al entrar a palacio, la frescura de las exuberantes plantas del patio aledaño al Salón Rico, oxigenó sus pulmones de aire fresco, insuflando valor para atravesar otro pórtico de arcos polivalentes, previo a esta gran estancia, donde el califa hacía las recepciones y las fiestas más multitudinarias.

Dos esclavos europeos ataviados con bombachos de algodón rojo, camisa de seda azul, chalecos bordados con pasamanaría y turbantes dorados sujetos por una esmeralda en el centro, lo recibieron.

—¿Qué quieres? —preguntó secamente el más alto.

—Solicito plantearle al califa una cuestión de honor, y he tenido a bien traer una ofrenda como muestra de mi lealtad.

El comerciante abrió el cofre que portaban sus criados en andas. Los esclavos al ver tan cuantiosa aportación a las arcas del reino, accedieron a su petición. Le lanzaron una mirada aquiescente y a continuación, lo rociaron con un mejunje purificador antes de ser recibido por el monarca, que estaba situado al fondo del gran salón sentado en un trono sobre almohadones, rodeado de fervientes dignatarios.

El poderío que se respiraba en el ambiente sobrecogería al mismo Ala, repleto de lujo y suntuosidad, iluminado por vidrieras que otorgaban una sensación divina al entorno, debido a los rayos coloristas amarillentos, rojizos, azules y verdes que se filtraban a través de ellos. Ricos tapices traídos de Persia adornaban las paredes revestidas de oro y plata. Ornamentaciones con incrustaciones de alhajas, un surtido de exquisitos muebles estilo árabe, cinco galerías divididas por arcos de herradura califales sobre columnas de mármol negro y anaranjado, talladas en estilo ataurique, formas geométricas de flora y fauna que representa el árbol de la vida, detallaban el derroche y ostentación del que presumía Abderramán III, para demostrar que era el hombre más poderoso de la tierra occidental.

Un pasillo alfombrado indicaba el camino hacia el califa, franqueado por dos filas de soldados ricamente uniformados provistos de brillantes armas, por donde avanzó sobrecogido ante tanto poder. A unos metros del califa, pudo comprobar que las habladurías sobre el pelo de Abderramán eran ciertas. El califa se teñía de negro, para ocultar el pelo rojo natural heredado de su madre vascona, pero los ojos azules, las duras facciones norteñas, y la poca piel rosácea que deja entre ver por la majestuosa túnica de seda verde bordada en oro, delataba su origen vascón.

Como una divinidad casi inaccesible, alargó la mano hacia el comerciante, que se inclinó para rendir pleitesía y besarla con insigne admiración.

—¿Cuál es tu petición? —Preguntó un dirigente, sustituyendo al califa que no dirigía la palabra a la plebe por muy rica que ésta fuera.

—Vengo a denunciar a mi esclava por embrujar al general Salem con dotes sexuales. Ha mancillado mi honor y ensuciado el buen nombre de mi casa. Propongo enviarla a territorio cristiano donde la juzguen sus propios congéneres para eximirnos de esa responsabilidad, y alejar al general para que no interceda por ella, ya que pondría en peligro el bienestar del reino por defender a una cristiana de brujería.

Abderramán encogió los ojos, enfocando la odiosa figura vengativa del comerciante con animadversión, pero sabía que éste tenía razón con respecto al bienestar de Al-Ándalus, y susurró a los oídos del dirigente su conclusión.

—La generosidad y buen juicio del califa accede a tu petición. Ordena que tu persona sea la encargada de trasladar a la esclava a tierras cristianas. Del general nos encargamos nosotros. Id. —Señaló el dirigente con mano derecha hacia la salida.

El comerciante se marchó satisfecho, con el carro vacío y el honor repuesto.

# XVIII

El nerviosismo de Salem, se acrecentaba a cada minuto que pasaba sin ver aparecer a Olivia por la esquina. Aunque su amor lo exploraban todas las noches en el hamman, él acudía la tarde correspondiente al mismo solo para verla. En su lugar, acudió una fracción de la guardia califal compuesta por seis soldados con órdenes estrictas.

Éste, ni se inmutó cuando la guardia se cuadró ante él, sabía perfectamente a lo que venían, porque no era la primera vez que lo hacían.

—Abd ar-Rahman ibn Muhammad Todo Poderoso en la tierra, solicita tu presencia inmediatamente.

—¡Junio! —dijo Salem alzando la voz— ve a comprobar qué le sucede a Olivia.

El niño que jugaba en el jardín, salió corriendo hacia su encargo sin atreverse a rechistar, intimidado por el impacto que le causó la fría mirada de Salem, al que jamás había visto con gesto belicoso.

—¡Vámonos! —Ordenó secamente a la guardia. Recogió su caballo en la cuadra de costumbre para dirigirse hacia Medina Azahara, seguido por las curiosas miradas de los transeúntes atraídos por el carisma que Salem desprendía, despertando admiración por donde quiera que pasara merced a la gallardía que irradiaba.

Acercándose a la Medina, se sobrecogió al ver miles de estandartes representativos de todas las tropas provenientes del califato, abanderando a millares de soldados acampados frente a la ciudad.

La sangre se le volvió efervescente, al recordar la euforia que se siente cuando la victoria estalla en millones de células triunfantes, una sensación adictiva que lo convirtió en un soldado sanguinario.

Que Abderramán lo recibiera en su lujosa estancia privada, mientras escribía un poema, significaba que gozaba de su aprecio y confianza, concedida a través de las conversaciones y heroicidades que Salem mantenía en el campo de batalla al lado del califa. Un hombre muy culto que le gustaba rodearse de arte. Pero también despiadado, cruel y caprichoso, que se dirigió a Salem omitiendo nombrarlo, con su exigente mirada azul.

—El gobernador de *Saraquza* (Zaragoza) Muhammad Ibn Hashim me ha traicionado aliándose con el rey católico Ramiro II de León, para atacar nuestra fronteras. Por ello he llamado a la *Yihad* (Guerra Santa) a todos los generales, los cuales han aglutinado cien mil hombres de todo el califato y norte de África, dispuestos a dar su vida y parte de sus bienes, para defenderlas de los infieles. No te he avisado antes porque he querido respetar tus primeros días de matrimonio, he estado informado en todo momento de la buena labor que has ejercido en tu viaje a *Ins Garnata* (Granada). No esperaba menos de ti. Pero ahora ha llegado el momento de luchar. Mañana salimos al alba hacia tierras cristianas y tú estarás a mi lado.

Nada más. Serás recompensado cuando regresemos de la guerra. Te puedes ir.

Abderramán volvió a bajar la cabeza hacia su escrito, ignorando la mirada displicente que se le había quedado a su general favorito. Por supuesto que contaba con él para esta acción, Salem era indispensable si quería obtener la victoria. Tenía previsto que éste esperara a las tropas africanas para dirigirlas hacia el norte, mientras él saldría antes para ir ganando terreno, pero decidió adelantar su regreso a la lucha, motivado por la petición del comerciante. No quería que los amoríos de Salem distrajeran sus magníficas estrategias bélicas, responsables de tantas victorias.

Salem, regresó a Córdoba por el camino de los nogales, cuando las largas sombras del atardecer ensombrecieron su pensamiento por la ausencia de Olivia. Aceleró del trote al galope, al recordar que Junio fue a buscar información sobre ella.

El niño estaba esperándolo en las cuadras, al creer lógico que era el primer lugar donde llegaría Salem para dejar el caballo. Correteó a su encuentro deseoso por demostrarle que había cumplido con su cometido, ya que su afán, era satisfacer a la persona que lo había acogido con cariño.

—¡Salem! ¡Salem! Olivia no pudo acudir hoy a tu encuentro, porque su amiga Fátima ha fallecido a causa de un

155

accidente doméstico mientras cocinaba, y todos los sirvientes están guardando el luto.

Informó Junio con la misma mentira que Soraya y el comerciante habían creado hacia los demás, amenazando a sus sirvientes que guardaran silencio, sobre los crímenes que allí se habían cometido.

Salem cerró los ojos e insufló aire profundamente, para asimilar tan trágica noticia. Sujetó a Junio de los hombros y se dirigió con él hacia sus aposentos para escribir una carta.

—Junio entrega este mensaje a Olivia, es muy importante que lo reciba —ordenó al chiquillo, una vez hubo redactado las explicaciones pertinentes de su urgente marcha.

Junio se sintió intimidado por el gentío que entraba y salía del velatorio, enlutados de blanco para honrar a Fátima. Oculto tras un quicio salvaguardado por la penumbra del anochecer, fue infiltrándose poco a poco hasta que logró entrar. Observó una por una las personas reunidas, y ni una de ellas se correspondía con la figura de Olivia.

—¿Qué buscas niño? —preguntó la anciana del pañuelo blanco que exploró la virginidad de Olivia.

—A la esclava Olivia. Debo entregarle un mensaje —dijo Junio recordando que era la misma anciana que le abrió la puerta la primera vez que preguntó por ella.

—¡Dámelo yo se lo daré!

—No gracias, debo entregárselo personalmente.

—Sígueme, te llevaré donde está.

Los dos atravesaron la galería iluminada por las velas de una enorme lámpara de hierro forjado, para dirigirse hacia las habitaciones interiores donde descansaban los criados, pero la mirada de Soraya que observaba escrupulosamente a todos sus sirvientes, vio cómo la anciana se alejaba con el niño.

—¿A dónde vas con ese niño?

—A ver a Olivia —contestó la anciana con mirada cabizbaja.

—¡Serás estúpida vieja apestosa! —gritó Soraya abofeteando la cabeza de la anciana— ¿Cómo se te ocurre hacer eso? ¡Olivia no quiere recibir visitas! —mintió en voz alta para que nadie sospechara del cautiverio, y mucho menos el niño que podría prevenir al general —¡Llévatelo de aquí ahora mismo!

Los dos salieron presurosos sin mediar palabra, pero una vez en la calle, Junio rogó a la anciana que entregara personalmente la carta a Olivia.

—Por favor es muy importante.

—De acuerdo, pero vete inmediatamente mi señora puede sospechar.

Salem estaba comentando con Amira en el salón que ella había decorado con un refinado estilo morisco, rodeados de alfombras, cojines y cerámicas, los nuevos planes de Abderramán alterando los suyos propios, cuando se acercó Junio al diván donde estaban sentados para darle explicaciones.

—Una anciana entregará la carta personalmente a Olivia, porque su ama no permite que nadie la moleste. La anciana me ha asegurado que se la dará. —Explicó Junio mirando de soslayo a Amira, sobrecogido por la belleza majestuosa que despertaba su curiosidad.

La pareja lo miró enviándole una sonrisa satisfactoria y siguieron hablando de sus planes.

—Cuídala Amira, ya sabes lo importante que es Olivia para mí.

Cuando termine los días de luto en casa del comerciante, irás a comprarla para alojarla en la seguridad de nuestro hogar. —Suplicó Salem a su esposa.

—Sabes que lo haré.

—Gracias —pronunció besándole la mano, mirándose mutuamente con complicidad ajenos a la verdad.

La anciana aprovechó un descuido de Soraya, para entregar la carta a Olivia y mitigar así su propia angustia, al sentirse responsable del sufrimiento de la joven. Pero la entrada que iba a redimir su conciencia, estaba cerrada.

—¡Olivia...! —susurró dando unos leves golpes en la puerta para no hacer ruido, esperando la respuesta unos segundos de incertidumbre.

—Me tienen cautiva, no puedo salir de aquí— contestó Olivia compungida.

—Por la ranura de la puerta te paso parte de una carta. Si no la coges porque estés atada, me la volveré a llevar hasta asegurarme que caerá en tus manos.

Pero la carta desapareció tras la puerta, seguida por un susurro de agradecimiento.

—No las merece, es lo menos que puedo hacer después de haberte delatado. Perdóname. —Imploró la anciana.

—Perdono que no hayas sabido mentir por mí, comprendo tus miedos, así que vete tranquila.

La anciana se marchó consolada y el susurro del dialogo zanjado.

El rostro de Olivia quebrado por la pena y el dolor, fue cambiando de la alegría a la tristeza, a medida que iba leyendo la esquela.

*Amada mía, lamento mucho la muerte de tu amiga Fátima, se que era un gran apoyo moral para ti. No te preocupes por tu futuro, Amira irá a comprarte para acogerte en nuestro hogar que será el tuyo también. Yo mientras tanto debo irme a la guerra mañana mismo a petición del califa, es mi deber luchar al lado de mis soldados. Lo que más me entristece es no poder darte un abrazo de consuelo y un beso de despedida. Todo mi amor lo dejo en estas palabras en las que empeño mí corazón, para que lo guardes hasta mi regreso, donde solo tú eres la dueña y señora. Te quiero.*

Olivia notó como un vahído se fue apoderando de su cuerpo. Por eso poco a poco, se dirigió hacia el catre situado bajo un ventanal enrejado, por donde se colaba el aroma nocturno de las damas de noche, allí se desplomó de sufrimiento, sintiendo que este sería el fin de todo, al deducir que Salem ignoraba la verdadera situación en la que se encontraba.

El anochecer se instauró en los sueños de los amantes, recordando la pesadilla que había sido esa jornada. Un trágico día donde en unas horas, su dicha cambió radicalmente al desconsuelo, siendo preludio de los acontecimientos venideros.

# XVIIII

El nítido brillo en las armaduras, era el reflejo de los primeros rayos solares que iluminarían el camino de las tropas, preparadas para arrancar su marcha hacia Toledo donde asentarán su base, para después proseguir a la frontera cristiana, con la meta de reconquistar Zamora.

Un imponente despliegue compuesto por miles de soldados en perfecta formación, material bélico e imponente caballería, que sobrecogería a los mismos dioses. El mayor ejercito creado en Al-Ándalus hasta entonces, encabezado por Abderramán III primer califa omeya y líder espiritual de su pueblo, al lado de Salem con la custodia de Hassan a sus espaldas, guiando el resto de tropas lideradas por sendos generales.

Era la primera vez que Hassan acudía a la batalla con miedo de no regresar donde se había quedado la semilla de la esperanza, desde la tarde que Sara lo responsabilizó de haberle engendrado la vida en sus entrañas. Un hijo era el culmen de su felicidad y la máxima dicha en la pareja.

Salem lo eximió de luchar, pero a pesar de ello, se sintió obligado a protegerlo por las cuantiosas veces que Salem lo hizo por él. Por ello fue a ofrecerse voluntario como soldado del ejército sarraceno.

Sara recluida en la silla de ruedas, comprendió que la naturaleza bélica de su esposo necesitaba combatir, y con lágrimas resignadas le exigió volver sano y salvo.

—Lo prometo Sara, no arriesgaré la vida más allá de mi obligación —contestó Hassan arrodillado ante ella, abrazándola por la cintura besando su vientre con devoción.

En cambio la mente de Salem, estaba ocupada con un único pensamiento por los recuerdos que llevaba consigo de Olivia. El primer contacto con su cálido cuerpo, las primeras miradas cautivadoras, los primeros besos apasionados, más el aluvión sexual que aconteció después. Pero sobre todo, la amaba por la pureza de su bondad, al ser el complemento justo que necesitaba para sentirse un hombre digno.

Un manto de silencio se dejó caer sobre las tropas que permanecían expectantes a la espera de recibir la primera orden de Abderramán. Éste levantó el brazo manteniéndolo en alto unos segundos, para alertar de la inminente partida, al bajarla, todos dieron los primeros pasos hacia Sierra Morena en dirección al norte, atravesando las extensas llanuras manchegas, donde se les iría uniendo más incondicionales en la lucha contra el infiel.

El estruendoso avance del ejército tembló cual terremoto, haciendo llegar la onda expansiva hasta la ciudad de Córdoba, encogiendo el alma de Olivia, al notar las vibraciones del desamparo.

Pasados tres días después de la partida, llegaron las tropas africanas compuestas por miles de hombres, maquinarias bélicas y animales exóticos como los camellos, acrecentando la curiosidad de los lugareños, porque era la primera vez que veían unos animales tan extraños. Ocuparon el lugar del ejército califal en el valle frente a la metrópolis, con la intención de reponer víveres y proseguir su camino hasta unirse a ellos.

Abdul integrado en sus filas como soldado, acudió al encuentro de Amira tras recibir un permiso alegando asuntos familiares.

Solo le bastó preguntar una sola vez por el domicilio del general, para que la gente lo guiara hasta allí.

—Señora un soldado que dice ser pariente suyo la está esperando en el salón —comunicó una sirvienta.

Amira dejó de acicalar su larga melena negra, mientras su mente se turbó barajando varias hipótesis factibles de quién podría ser, pero solo una, le devolvió la sonrisa que se reflejaba en el espejo del tocador de su dormitorio, decorado con mobiliario de estofado policromado al estilo guadamecí, vestido con visillos y sábanas de seda grana, contrastando con el estuco azul de las paredes.

Amira cerró en silencio el pestillo de la puerta del salón, suponiendo el desenlace que iba a ocasionar este reencuentro, para disfrutar de más intimidad.

Observó sobrecogida la espalda de Abdul que miraba a través del ventanal envuelto por un aurea suntuosa. Parecía más fornido y varonil gracias a unos kilos de más y el impecable uniforme sarraceno que vestía. Estrenando turbante y capa blanca, sobre jubón rojizo ajustado con un ancho cinturón de cuero, complementos del mismo material, más bombachos negros sujetos por botines de piel caprina.

—¡Abdul! —Dijo impresionada cuando éste se volvió radiante y esplendoroso, luciendo una imagen renovada que le confería un atractivo inusual, debido a una barba perfectamente recortada que difuminaba las heridas de viruela, y bronceado por el sol que soportó en las sierras Béticas persiguiendo vándalos, otorgándole protagonismo al verde agua de sus ojos.

Abdul al girarse, se topó con la felina mirada azul que tanto deseaba ver. Estremecido por la sencilla elegancia de Amira, que cubría su cuerpo solo con una fina túnica de seda azul a juego con sus ojos, bordada en pasamanería de plata, insinuando las formas de su cuerpo. Desechó emociones contenidas hasta el momento, para dirigirse impetuoso hacia ella dando rienda suelta a todo su amor. Quitándose el turbante, para sentir piel con piel la calidez de Amira, mostrando la nueva melena castaña, que le caía desenfadada hacia el cuello.

Un choque apasionado fundió sus anheladas fantasías amatorias, haciendo palpable la realidad con los primeros besos, intercalando sus nombres entre alientos acalorados.

—¡Amira! Cuanto te he añorado —suspiró Abdul, mientras la besaba interrumpidamente.

—¡Abdul, amor mío! —correspondió ella con carisias y besos.

La necesidad que sentían por consumar su amor impidió que mantuvieran un dialogo fluido, sustituyéndolo por declaraciones amorosas tumbados en los cojines sobre alfombras, que amortiguaron la marea sexual en la que se dejaron llevar toda la jornada.

Tras cenar una copiosa comida al frescor del patio para recuperar fuerzas, fueron a pasear por el puente Romano cuando el sol exhala su último rayo, reflejando en las aguas del rio grande, el brillo incandescente del ocaso.

—¿Qué has hecho durante este tiempo de separación? —preguntó Amira guardando las distancias para no despertar sospechas sobre su relación con Abdul.

—¿Por qué no me dijiste que os habían atacado los vándalos? —respondió Abdul con otra pregunta.

—No quería preocuparte.

—Amira apartándome de tus problemas solo conseguirás que me preocupe mucho más, porque solo estaré especulando sobre la verdad.

—Creí que era lo mejor en ese momento. —Justificó Amira mirándolo a los ojos para trasladarle su sinceridad.

—Sí, pero ahora estamos aquí, paseando como solíamos hacer mientras nos contábamos nuestras inquietudes, solo que las circunstancias han cambiado ¿Acaso me ocultas algo que supongas afectaría a nuestra relación? Porque si es así, nada de lo que me digas condicionará mi amor por ti.

—¡Claro que no! Simplemente no quería preocuparte.

—Por favor, te ruego me liberes de la ignorancia para poder actuar en consecuencia. Me gustaría que nuestra relación se basara en la confianza y el respeto, te conozco demasiado bien y noto que algo impide tu entrega hacia mí completamente.

—Está bien, te contaré todo lo que quieras saber —dijo resignada.

—Amira no voy a ponerte en el compromiso de mentir solo por apaciguar mi angustia. Si has hecho el amor con él prefiero saberlo, porque no me importa, sufrí tanto cuando creí perderte, que al recuperarte me sentí el hombre más dichoso del mundo, al demostrarme tu amor regresando conmigo.

Amira inspiró la brisa cañaveral para soltar con su exhalación, las palabras que estaban corroyéndole el alma.

—Solo fue una sola vez en la noche de bodas —declaró cabizbaja liberando su miedo con la mirada perdida en el horizonte crepuscular—. Salem temiendo porque yo lo delatara al no cumplir con su obligación de esposo, se sintió obligado por la presión que supuso un matrimonio concertado. Fue un acto deprimente nada que ver con el amor, ni siquiera nos desnudamos, más bien se trató de una violación consentida por ambas partes. Cuando nos fuimos conociendo mejor decidimos sincerarnos, porque tanto el uno como el otro, percibimos una mutua confianza. Y a lo largo del camino, fuimos fraguando una amistad pura y sincera como te hemos demostrado. Le pedí por favor que lo guardara en secreto, porque me horroriza pensar que dejes de amarme por ello.

Abdul le sujetó en silencio las manos para besárselas, dejando la huella de su aliento como una caricia en el rostro de Amira hasta besarle la frente. Le pellizcó el mentón para alzarle la cabeza y comunicarle directamente con la mirada, que su amor es más fuerte que su orgullo. Por último sin importarle ser vistos, fundió sus labios en los de ella con tanta intensidad como sus corazones pudieron soportar, liberándose de prejuicios con un fuerte abrazo reconciliador.

—Aún tengo que decirte algo más —explicó Amira, reteniendo el abrazo con su sien posada en el corazón de Abdul. —Salem me salvó la vida cuando nos atacaron los vándalos. Pudo librarse de mí dejándome morir, pero no lo hizo. Abandonó la lucha porque su prioridad fue socorrerme cuando escuchó mis gritos. Mató sin reparos a los tres hombres que se disponían a violarme mientras yo estaba inconsciente, cuidándome como un buen amigo hasta ahora— suspiró. —Además, se ofendió cuando le insinué que pudo deshacerse de mí tranquilamente porque nadie lo acusaría, ya que se trató de una emboscada.

Abdul presionó el abrazo sobre Amira para besarle el pelo, sintiendo que estaba en deuda con Salem.

—Por eso me ofrecí voluntario para apresar vándalos, aún ignorando el mal que te causaron, porque la sola idea de que te hirieran despertó en mí un odio asesino por aniquilar quien osara maltratarte. Pero para mi sorpresa e indignación, resultó que se habían alistado a nuestro ejército para luchar contra el infiel, aún siendo alguno de ellos de su misma condición cristiana, a cambio de obtener el indulto y diversos beneficios.

Ahora mientras luche, dudaré si los compañeros que están a mi lado son hombres de honor, o amigos de los delincuentes que te atacaron. Estaré debatiendo entre si lo hago por defender la integridad del país, o la ambición de los poderes que perdonan criminales para sumar fuerzas en su propio beneficio. Desde entonces el ideal de defender nuestra tierra contra los infieles, se ha vuelto confuso e incomprensible, porque no sé cuál es mi enemigo.

La noche se cerró a su alrededor ensombreciendo ambos pensamientos, entrelazando sus brazos, para regresar de nuevo al desconsuelo cotidiano, provocado por la incertidumbre sobre la existencia, de un futuro común tras la guerra.

# XX

Al alba los campesinos del lugar comenzaron a limpiar los deshechos del descampado donde se instaló el ejército, para sembrar la siguiente tanda de hortalizas, regando la tierra con sus primeras gotas de sudor.

Junio recibió una misiva de Amira para entregársela al comerciante, solicitando una entrevista en la cual gestionarían la compra de Olivia.

Circulaba por las calles pegado a la sombra evitando el sofocante sol, habiendo quedado tristes y solitarias desde la partida del ejército sarraceno. Solo las flores alegraban el ambiente donde algunas mujeres transitaban por motivos indispensables, mientras los hombres impedidos para la lucha y el trabajo, se refugiaban en las tabernas de los reproches conyugales.

Cuando se abrió la puerta del comerciante tras tocar en ella, la anciana de siempre lo abrazó sollozando.

—¡Ay pequeño... qué desgracia, qué desgracia! A Olivia se la llevaron los amos después del entierro a tierras cristianas donde la juzgarán de herejía. —La anciana narró a Junio todo el trágico suceso, lavando su conciencia en cada palabra que decía. —Nada más que yo sé el secreto, y estoy amenazada si hablo de ello, pero te lo digo a ti para que puedas ayudarla... ¡Sálvala pequeño, sálvala!

El alma de Junio se quedó petrificada al escuchar las terribles palabras de la anciana. Esa petición de socorro activó las neuronas apremiantes, sacándolo de la inopia donde se había quedado estancado por la sorpresa, corriendo despavorido para buscar auxilio.

Amira no dudó un solo instante de la decisión tomada, cuando el niño exhausto por la carrera le comunicó lo sucedido. La vida de Olivia peligraba y requería todo su esfuerzo. Ordenó inmediatamente que ensillaran el caballo más veloz y resistente de la cuadra, mientras ella se cambiaba de indumentaria para cabalgar eficazmente. Ataviada con botines de piel bobina, el pelo cubierto con un pañuelo bajo sombrero de paja, bombachos y camisa de algodón. Partió con la esperanza de encontrar a Abdul, puesto que solo habían transcurrido dos horas desde su marcha.

Cabalgó veloz por el valle hasta llegar a las escarpadas peñas de Sierra Morena, donde tomaría un atajo para recortar trayecto. Sujetó corto al caballo, un magnifico ejemplar árabe de tonalidad castaña, guiándolo por donde veía más conveniente circular, fusionándose con él dándole ánimos, para que el animal concentrara su fuerza en la escalada.

El sofocante calor del séptimo mes, no le impidió seguir su camino, motivada por la petición de Salem cuando le rogó que protegiera a Olivia, y bajo ninguna circunstancia, podía defraudarlo.

Desde la cima de la montaña, observó al ejército acampado en la dehesa bajo la sombra de las encinas, evitando el sol abrasador de la hora sexta. Barajó varias opciones y decidió refrescar y alimentar al caballo para recuperar fuerzas, puesto que el recorrido que faltaba era aún largo, aunque menos escabroso debido a la erosión de los vientos del norte. Estiró las piernas e hidrató su cuerpo con el agua de la vasija, que por ser de arcilla la conservaba fresca. Hasta entonces, no se percató de las yagas que las riendas le habían formado en las manos, ni del dolor de huesos que crujían al moverse.

Recuperados en un tiempo prudencial, volvió a montar a lomos del caballo, divisando sobrecogida la grandiosa obra de Alá, que se extendía desde las serenas dehesas de Sierra Morena, las inmensas llanuras manchegas, hasta fusionarse con la altiplanicie de las mesetas castellanas. Insufló el viento seco de la serranía, y prosiguió su viaje con el fin de interceptar al ejército africano, antes que el sol se ocultara tras el horizonte.

Desesperada como en una pesadilla, donde la inmovilidad te mantiene en el mismo lugar, por mucho que corras para alcanzar el final, así se sentía Amira en cada colina que perdía de vista al ejército, recuperando la ilusión cuando veía que poco a poco se acercaba más a él.

Aunque ya hacía rato que el ejército reanudó la marcha, Amira consiguió alcanzarlo antes de que el sol perdiera su intensidad, porque fue más veloz e incansable, haciendo de la perseverancia su aliada.

Abdul marcaba el paso del caballo con la mirada perdida en las crines, recordando la figura de Amira en todas sus formas. Estaba tan concentrado pensando en ella, que incluso creyó oírla, resonando en su mente la dulzura con la que su nombre sonaba en los labios de Amira, cuando hacían el amor (Abdul... Abdul...) Parecía tan real que miró a su alrededor para asegurarse que no estaba soñando, pero dejó de escuchar su nombre en forma de suspiro, transformado en gritos de alerta (¡Abdul! ¡Abdul!) Sorprendido por tal choque de realidad, volvió a mirar a su alrededor frunciendo el ceño escamado, encontrando un revuelo de hombres tras su espalda, gritando su nombre con tono burlón, debido a la irrupción femenina en las tropas. De entre ellos se abrió camino Amira, dejándolo boquiabierto por la sorpresa. Giró el caballo y cabalgó a galope conmocionado para recibirla.

—¡Amira! ¿Qué haces aquí? ¿Qué ocurre? —preguntó cuando estuvo frente a ella.

—Es Olivia —contestó jadeando por el cansancio —Se la han llevado a tierras cristianas para juzgarla por hereje ¡Llévame con tu superior!

Abdul obedeció la orden de Amira sin rechistar para no despertar sospecha de su relación.

—¡Más respeto! —gritó enfadado por las burlas que sus compañeros les lanzaban. —¡Esta valiente mujer es la esposa del general qa 'id Salem! Hija del noble más poderoso de Hins Garnata ¡Y ha arriesgado su vida para entregar un mensaje urgente!

Los soldados se quedaron atónitos al ser revelada la identidad de Amira, mostrando en sus rostros admiración por ella.

—Sígame señora —solicitó Abdul bajando la cabeza simulando pleitesía.

Ambos se dirigieron hacia la cabeza de la formación donde se encontraba el general africano organizando la acampada, bajo las miradas curiosas de la tropa, mientras Amira contaba lo sucedido a Abdul que no salía de su asombro.

El general advertido por los soldados de su alrededor, los estaba esperando a pie del caballo, situación que imitó la pareja para posicionarse a la misma altura del mandatario por respeto. Abdul sujetó las manos de Amira ayudándole a bajar del lomo animal, apretándoselas con complicidad para corroborar su amor.

—Mi general, ésta es la esposa del general qa 'id Salem y viene con la orden expresa de que yo, entregue a su esposo un mensaje urgente personal. Solicito su permiso para partir inmediatamente.

—El general la observó dubitativo. Pero incluso con el polvo del camino en su cuerpo y el gesto cansado, Amira conservaba su porte majestuoso retando al militar con su mirada altiva. Por lo cual, no le quedó duda de la condición noble de aquella valerosa mujer, accediendo a la petición de Abdul.

—De acuerdo, llévate víveres y agua suficiente para el camino.

¡Soldados, esta es la esposa del general qa ´id Salem, protegerla con vuestra propia vida si fuera necesario! —ordenó el general africano.

—Esta noche será mi invitada y mañana cuatro de mis soldados la escoltaran de vuelta a su hogar.

—Gracias —respondió Amira— será un honor compartir la cena con usted.

—El honor es mío —contestó el general africano indicando el lugar donde instalaría Amira.

Ésta se situó frente a Abdul para agradecerle su disposición, lanzándole un mensaje oculto de amor con la mirada.

—Gracias Abdul, recuerda que es de vital importancia esta información. Ahora ve.

Abdul asentó con la cabeza y se marchó presuroso, no sin antes devolverle una mirada fogosa que les derritió el alma.

A la mañana siguiente, Abdul casi había realizado un cuarto del trayecto, y Amira se disponía a regresar escoltada por los soldados designados, tras pasar la noche en una tienda del campamento especialmente engalanada para ella, llorando y rezando por Olivia.

# XXI

—Se han presentado pruebas contra ti... —dijo el rollizo juez cristiano mirando la vulnerada figura de Olivia, ataviada solo con una sucia túnica blanca y el pelo desaliñado, situada frente a él maniatada y pisando el suelo empedrado descalza— a través de un escrito firmado bajo juramento por testigos que confirman la acusación presentada por el hombre aquí presente... —señaló el juez hacia el comerciante situado a su derecha— de blasfemar contra la palabra de Dios en diversas ocasiones sin mostrar arrepentimiento. Y de utilizar magias ocultas para embrujar a un sarraceno, fornicando con él guiada por la insidia del demonio ¿Tienes algo que alegar? —Pronunció el juez desde un pedestal instalado en el centro de la plazoleta, rodeada por cenicientos edificios de piedra, tétricos y fríos como el ambiente que se respiraba, a pesar de la luminosidad solar.

Olivia observó a su alrededor comenzando por el rostro iracundo del comerciante, seguido de la perversa mirada complacida de Soraya, el gesto expectante de los vecinos que se acercaron a curiosear, y la anodina joven sordo muda que la había acompañado en solitario todo el camino, encargada de satisfacer sus necesidades orgánicas, puesto que viajó encadenada, oculta en un carruaje todo el trayecto.

175

—La única magia que he derrochado ha sido amor al prójimo, ayuda y consuelo a todos los que me rodean como manda la ley de Dios, aunque a veces no comprenda sus métodos y dude si en verdad existe. Si eso es pecado me confieso culpable —dijo Olivia en voz alta.

Un clamor popular circuló a su alrededor.

—¡Impía! ¡Renegada! ¡Ha blasfemado contra Dios! ¡Ha dudado de la palabra de nuestro Señor! —Comenzó a oírse comentarios despectivos, reiteradamente en las bocas de los testigos.

—¡Ya habéis escuchado vosotros mismos! ¡Ahora que se cumpla justicia! —Gritó Soraya indicando con la palma de la mano al juez.

Éste sentenció a Olivia con la mirada, puesto que el comerciante lo había corrompido comprando su veredicto con un cofre rebosante de oro. No obstante, pospuso la sentencia para el día siguiente porque debía fingir meditación.

—Mañana continuaremos con el juicio, debo tomar una decisión acertada.

Olivia presintió que el fin de sus días había concluido, por eso obedeció resignada la petición de los guardianes que la escoltarían hacia su celda, acompañada de insultos.

—¡Hereje! ¡Blasfema! ¡Puta! —gritaba el gentío para regocijo del comerciante y su hija.

—Hágase tu voluntad —pronunció vencida, mirando hacia el azul de cielo.

Soraya no cabía en sí de satisfacción. Al fin veía como Olivia era despreciada, reconfortando el odio que sentía por ese cándido ser que ensombrecía su protagonismo. Ella había sido una buena jovencita a la que todos adulaban, sobre todo su padre, hasta que Olivia llegó robándole todas las miradas de admiración. Pero ahora en esta gloriosa circunstancia, comenzó a debatirse en una lucha interna. Tal vez Olivia no mereciera tanto desprecio, tal vez mereciera indulgencia, e incluso, tal vez debería haber sido su amiga, pero era demasiado tarde y nada se podía hacer. Así que para desechar remordimientos, decidió disculpar esos pensamientos autocríticos y seguir refugiando su mala conciencia en el odio, alimentándolo de ego y vanidad.

En la intimidad de sus aposentos lúgubres y austeros, el juez trataba con el comerciante el resultado de la sentencia.

—Este es un tema muy delicado —expuso el juez—. Es cristiana y podía concederle el perdón al haber confesado sus pecados.

—Al hacer eso incentivarás la herejía, porque los agnósticos sabrán que no tendrán represalias cuando blasfemen contra Dios, siendo el germen que acabará con nuestra religión. —Añadió el comerciante.

—¿Nuestra? Si no recuerdo mal tú te has convertido al Islam— reprochó el juez.

—Solo fue un trámite para mantener mi estatus, Dios sabe que yo lo adoro en la intimidad —contestó el comerciante mintiendo para ganarse la confianza del juez, ya que lo único que veneraba era el poder y la riqueza.

—No se... no se...

Viendo que el juez seguía dudando, utilizó sus dotes persuasorias a través del soborno.

—Te daré otro cofre de oro para que puedas adoctrinar a los indecisos. La joven solo será un sacrifico para conservar la palabra de Dios, y es nuestra obligación mantenerla, al igual que hicieron mártires anteriores.

—Sí, puede que tengas razón. —La tentativa del soborno aclaró las ideas del juez rápidamente, frotándose las manos por la avaricia.

—Es tu deber preservar la ley de Dios —insistió el comerciante, sabiendo que el juez solo se estaba haciendo derogar para parecer honesto.

—Está bien. Acepto por el bien de nuestra religión. Pero ignoro qué clase de sentencia otorgar en esta situación para no provocar una revuelta. —La hipocresía deambulaba de un lado a otro ganando terreno a la justicia.

—Yo sí. Será un sacrificio donde parecerá que le estamos haciendo un favor a la pagana.

—Dime ¿En qué has pensado?

—Dios me ha iluminado con la sagrada palabra escrita.

El comerciante antes de cambiar su condición cristiana por la musulmana, había estudiado la Biblia previa al Corán, sacando de contexto uno de sus versículos, adoptándolo para convencer al juez y vengarse de Olivia.

—Según el versículo (Apocalipsis 21:8) *"Pero los incrédulos, fornicarios y hechiceros tendrán su parte en el lago que arde con fuego y azufre,"* debemos quemar a la hereje, para purificar su alma y pueda entrar en el reino del Señor libre de pecado, si no, vagará por las fronteras del infierno —dijo el comerciante tergiversando el significado de las palabras sacras.

—Es demasiado cruel —opinó el juez negando con la cabeza.

—Es la palabra de Dios —atribuyó el comerciante.

—Pero sigue siendo muy cruel.

—¿Acaso no fue cruel la crucifixión de nuestro Señor, sacrificándose para librarnos de nuestros pecados?

El comerciante estaba siendo muy convincente, y el juez persuadido por el segundo cofre de oro, reconsideró la respuesta.

—Está bien acepto.

El gesto del comerciante se relajó, vanagloriándose de su triunfo.

Olivia rebobinaba una y otra vez los trágicos sucesos que habían cambiado su felicidad por tormento, sumiéndola en un abismo de culpabilidad que la obligaba a consentir el castigo mortal impuesto esa misma mañana, con el beneplácito del respetable presente en la plaza.

Pensaba que si hubiera aceptado el consejo de su malograda amiga Fátima, ésta aún viviría para continuar guiándola por el buen camino. Pero decidió seguir a su corazón, en vez de la lógica social que la impedía amar a un hombre poderoso y prometido. Tal vez sus acusadores tuvieran razón, y el demonio se hubiera apoderado de ella, porque no debió rendirse a los encantos de Salem.

—Salem... Salem... Salem... —repetía delirante, con la mente turbada por la culpa y los ojos salidos de la locura, envuelta en las tinieblas de su celda.

# XXII

Mientras Olivia lo mencionaba, Salem organizaba las estrategias bélicas precedentes a la batalla, en un campamento situado en las cercanías del rio Pisuerga, junto a un grupo de generales bajo la lumbre de candiles, en una noche plateada por la luna llena. Noches donde regresaba a los brazos de Olivia, cuando el viso de la ensoñación le regalaba ese anhelo.

Abdul cabalgó presuroso, porque deseaba devolver a Salem el favor por haber salvado a Amira, queriéndole corresponder de la misma forma. Solo descansaba cuando el caballo necesitaba reponer fuerzas, ignorando la noche que cubría la sobrecogedora llanura *al-Targ al awsat* (Castilla la mancha) donde el lejano horizonte absorbía su insignificante figura entre tanta inmensidad, semiárida y casi despoblada, bajo las sombras del firmamento.

A mediados del séptimo mes, cuando el sol y la luna comparten las mismas claras del día, llegó Abdul a su destino para comunicar a Salem las malas nuevas.

De inmediato, los guardias del campamento lo acompañaron al lugar donde Salem descansaba.

—Mi general, un soldado ha llegado con un mensaje urgente para ti —dijo uno de los guardias irrumpiendo el plácido sueño de Salem, que dormía al raso.

Éste al abrir los ojos, se sorprendió al ver la figura de Abdul con el reflejo de la preocupación en su rostro.

—¿Qué pasa Abdul? —Preguntó de inmediato mientras se incorporaba erguido, seguido de Hassan.

—Se trata de Olivia. Su amo la ha trasladado al Reino de Castilla para juzgarla por hereje —contestó agotado—. Fátima fue asesinada por Soraya cuando intentaba rescatar a Olivia de la mordaza que la mantenía presa, porque el comerciante la violó cuando comprobó que Olivia perdió su virginidad contigo. Compró los favores de Abderramán para que te alejara de la ciudad y poder actuar a su antojo, sin que tú pudieras interferir en sus planes. La persona que recibió a Junio cuando Amira lo envió con una solicitud de compra, le contó todo lo sucedido. Amira cabalgó sin descanso a mi encuentro, para que yo viniera a alertarte. Ya sabes que el veredicto de los cristianos por herejía, es la muerte. —Expuso de retahíla, casi sin respirar.

Una fría espada de rabia, horror y angustia, atravesó el alma de Salem con cada palabra que Abdul pronunció, absorbiéndolas, para alimentar la sed de venganza que comenzó a germinar en cada célula de su cuerpo. Un grito silencioso estalló en su interior con desesperación cargado de culpa, haciendo conjeturas de lo que pudo haber sido y no fue.

De entre tanta oscuridad, solo un rayo de esperanza por salvar a su mujer, consoló su conciencia, animándolo a salir del estado catatónico en el que se había quedado.

Hassan descifró en los gestos de Salem, que la guerra había concluido para ellos, ahora su meta sería rescatar a Olivia. Por ello, se dirigió a por los caballos sin recibir orden alguna.

—¡Vámonos! —Dijo Hassan golpeándole el hombro para hacerlo reaccionar de la desazón, donde Salem rogaba que todo fuera una pesadilla, despertándolo a la fatídica realidad.

Convertido al odio, comenzó su venganza dirigiéndose al fuego para quemar el esquema de las estrategias bélicas como represalia, apretándolas fuertemente con el puño, jurando que cualquier día emplearía esa misma rabia en el cuello del Abderramán.

Montó a caballo y agradeció a Abdul su conducta bajando la cabeza con un gesto afirmativo, puesto que el habla se le había paralizado.

Unos ojos camuflados entre una alfombra de hombres dormidos, lo observaron marcharse. El mismo traidor que puso sobre aviso al rey cristiano del plan de ataque sarraceno, y los mismos ojos esquivos que siguieron los pasos de Salem en las Sierras Béticas, deduciendo que ésta sería una buena oportunidad para vengarse de sus compañeros muertos por la mano del general. No podía desperdiciar la ocasión que el destino le brindaba, por la cual abandonó el vandalismo para ingresar voluntario al ejército, con el único objetivo de matar a Salem.

Cabalgó tras ellos a una distancia prudencial esperando el momento idóneo para poder actuar. Lo encontró, cuando estaban atravesando el largo puente que cruza el rio Pisuerga, por ser un lugar perfecto despejado de obstáculos y poder apuntar directamente. Desmontó rápido del animal para subirse a un montículo de piedras, desde donde enfocaría mejor su objetivo, comprobando con el dedo índice mojado, la dirección del viento.

Salem cabalgaba desquiciado obligando al caballo a dar todo su rendimiento, con los sentidos turbados por la preocupación. Hassan cabalgaba al lado de él concentrado en el camino, cuando recibió un flechazo por la espalda que le atravesó el pecho, derribándolo del caballo.

Salem en un acto reflejo, bajó del animal tumbándose sobre el piso empedrado del puente, sin refugio donde resguardarse. Se acercó al cuerpo caído de Hassan, para comprobar si su herida era mortal.

—¡Cúbrete es una emboscada! vete a salvarla no te pares, yo estaré bien —dijo Hassan con la voz rota por el dolor.

—No puedo dejarte aquí tirado, volveremos.

Salem levantó la cabeza para mirar la procedencia del ataque, enfocando la arboleda de la orilla buscando el responsable del asalto, cuando un flechazo impactó en su frente atravesándole el cerebro, dejando su cuerpo inerte.

Hassan debilitado por la pérdida de sangre, perdió el conocimiento ante semejante visión mortal.

*"Silencio, oscuridad, la nada llegó sin esperar".*

El vándalo, se acercó presuroso para deshacerse de los cuerpos, agarrando a Salem con todas sus fuerzas para lanzarlo a las frías aguas del río. Cumplido su cometido, alzó la vista al cielo, para ofrecerles a sus amigos muertos el triunfo de la venganza, extrañado, porque la luna y el sol acortaban distancia entre ellos, interpretándolo como signo de mal augurio.

Cuando se disponía rematar a Hassan, una daga fallida lanzada desde la distancia interceptó su intención. El grito guerrero de Abdul, hizo que el vándalo cesara en su acción, puesto que la velocidad con la que éste se acercaba galopando, le impediría desenvainar la espada a tiempo.

Unos segundos después los rivales se posicionaron enfrentados, cuerpo a cuerpo, marcando pasos sigilosos a la espera de la primera embestida, producida por la espada del vándalo. Abdul la esquivó, dando comienzo la lucha con el agudo sonido del metal chocante, haciendo eco en la distancia sobre el calvero, los árboles y matorrales que custodian al rio.

Abdul se limitó a evadir los ataques del vándalo, tanteándolo para descubrir su debilidad, pronosticando con la mirada cada movimiento que éste ejercía.

Cuando el vándalo subió el brazo para sestar el golpe final, Abdul aprovechó esa milésima de segundo para hincarle la espada en el vientre, empujándola más y más desgarrándole las entrañas.

La poca fuerza que le quedaba al vándalo tras el envite de su oponente, la utilizó para clavarle la espada por la espalda. Abdul dio un grito de dolor inesperado, pero gracias a la debilidad del ataque, la espada inclinada solo penetró unos centímetros a la altura del omoplato.

Rendido por el esfuerzo y vencido moralmente por el cruel destino de Olivia y Salem, agarró a Hassan descorazonado, haciendo un esfuerzo sobre humano para subirlo a lomos del caballo, porque éste aún conservaba el resuello de la existencia, merced a una hebra de distancia que marcaba el espacio entre la vida y la muerte, en su corazón.

Eximidos de la inminente lucha porque sus heridas solo entorpecerían la batalla, tras recibir los primeros auxilios, obtuvieron el permiso para regresar a Córdoba por sus propios medios, sin más ayuda que la mutua.

# XXIII

La batalla dio comienzo cuando la luna acarició el sol, al margen derecho del Pisuerga, en las paredes de Simancas a noventa kilómetros de Zamora.

De un bando el ejército cristiano agrupando gallegos, asturiano-leoneses, navarros y aragoneses, liderado por el rey católico Ramiro II de León. Del bando sarraceno, el gobernador de Zaragoza Muhammad Ibn Hashim arrepentido de su traición, se unió a los cien mil hombres apoyados por las tropas africanas encabezadas por Abderramán III.

El califa, tomó la iniciativa con un ataque masivo que hizo retroceder a los cristianos. Pero la hueste católica, consiguió fijar posiciones resistiendo el portentoso envite de la caballería agarena, gracias al vándalo delator que informó de la estrategia califal, donde millares de hombres regaron con su sangre la llanura simanquina.

Entre tanto, el comienzo del eclipse ejerció su magia influyendo sobre el cuerpo de Salem, cuando flotaba en las oscuras profundidades del rio con toda su energía interior intacta, al no haberse producido aun la liberación del alma.

Ésta, acumulaba tanto amor y tanto odio, que se desprendió del cuerpo absorbiendo las aguas del rio, resurgiendo con fuerza al exterior, explosionando en millones de gotas formando un torbellino aniquilador.

Suspendido en el aire, observó la batalla entre las dos milicias, pero antes de saciar su sed de venganza hacia Abderramán, optó por salvar al amor de su vida, surcando los vientos fugaz en forma de tormenta, cruzando esperanzado valles y montañas.

Olivia maniatada de espaldas a un poste sobre un promontorio de leña, se preparaba para sucumbir a las llamas de la hoguera cuando estas alcanzaron su cuerpo, haciéndole gritar de dolor y desesperación, hasta que una lanza rompió su corazón por orden del juez, que no consintió la agonía de la joven para decepción del comerciante. Su agónica mirada reflejaba las llamas del fin, apagando el brillo natural de sus dulces ojos, observando cómo se alejaba de la vida.

En ese momento, el espíritu de Salem llegó espantándose al ver el fuego que estaba incinerando a Olivia.

Cuando la luna besó al sol, el hechizo astral lanzó su encantamiento sobre los enamorados, al grito desesperado de Salem por salvar a su amada de la quema. La nube tormentosa en la que se había convertido, tronó con toda su furia ensordeciendo el murmullo del populacho, vaciando toda su energía en Olivia, apagando el fuego del infortunio.

Un silencio sepulcral, cayó sobre el pueblo que se había reunido para contemplar la ejecución, observando atónitos, como el humo del fuego y el vapor del agua, iban adoptando una silueta humana, en una espiral vaporosa de chispeante anaranjado, formando la figura de Olivia, y otra de centellas plateadas sobre azul, formando la figura de Salem, donde la providencia, los quiso compensar tras su tormento, uniendo sus almas entre abrazos y besos para toda la eternidad.

El suceso eclíptico sobrecogió a los testigos, enmudecidos por el impresionante espectáculo fantasmal que se había producido ante sus ojos, santiguándose desconfiados, sumiéndolos en la penumbra de la incomprensión.

La tierra al contraste entre el frio y el calor de los amantes, comenzó a crujir, abriendo una profunda grieta en el centro de la hoguera, que corrió precipitadamente hasta donde estaban situados los acusadores, provocando el pánico de la gente que huyó despavorida.

Salem y Olivia, observaron satisfechos desde la elevación de su gloriosa transformación en entes celestiales, cómo el horror se manifestaba en los rostros de Soraya, el comerciante y el juez, cuando el vacio los engulló hasta las profundidades donde la tierra arde, sentenciando su condena.

—*Expiad vuestros pecados calcinando vuestras pérfidas almas durante una agonía eterna.*

Cuando los amantes lanzaron la maldición, la luna había cubierto totalmente al sol, ocultándose tras ella, para continuar con su venganza.

Un trío de buitres leonados, surcaron el cielo desbandando la migración de golondrinas, dispuestos a saciar su hambre con un festín de carroña humana, producida por la batalla.

La superstición de los sarracenos comenzó a influir en el declive del enfrentamiento, debido a la oscuridad con la que el eclipse enfrió su valentía, sumado a la mala coordinación de los generales sarracenos, y a falta de las estrategias del general qa 'id Salem. Pero sobre todo, a la aparición entrelazada de los amantes.

Los soldados de ambos bandos, se quedaron paralizados con el gesto espeluznado de terror, ante semejante visión espectral. A diferencia, que los cristianos se sintieron bendecidos, porque el milagro obró a su favor, cuando la aparición comenzó a luchar junto a ellos, impidiendo con su predominio el avance del ejército sarraceno, succionando las armas de los envites por encima de sus cabezas, dejándolos indefensos ante la ventaja cristiana.

Con el ejército sarraceno mermado y Abderramán humillado, los amantes dieron la venganza por concluida, danzando grácilmente como una etérea pareja de enamorados, suspendidos en la calidez del viento Abrego.

La gracia de la magia astral, compensó el sacrificio de los amantes una vez más, antes que la luna se aislara del sol, recogiendo sus espíritus en una pareja de veloces halcones en pleno vuelo, aves, que simbolizan la victoria sobre la corrupción, según las creencias musulmanas.

Revoleteando alegremente envueltos en una nueva reencarnación, planearon los cielos, hacia su anhelada cuidad cordobesa, donde les aguardaba la felicidad eterna, quedando el encantamiento zanjado, cuando finalizó el eclipse al recuperar la luna su monótono ritmo orbital.

La batalla continuó durante varios días, en los que el empuje emocional de los cristianos, venció a la desmoralización de los sarracenos, que huyeron arrinconados hacia una trampa mortal, donde los cristianos les habían preparado una emboscada, lanzándolos al vacio por un precipicio en el paraje denominado Alhándega. Siendo, un hecho trascendental en toda Europa la gran derrota andalusí, sin precedentes en la historia occidental.

Abderramán huyó deshonrado con el rabo entre las piernas, despojado de su espada y de su valioso Corán con incrustaciones de piedras preciosas, junto a un pelotón de soldados hacia la fortaleza *Qstrb* (Castabrón), para protegerse tras sus murallas de la persecución cristiana.

De vuelta a Córdoba, cuando las primeras hojas otoñales caen de los árboles, ordenó ejecutar a trescientos generales para reponer su honor ante el mundo, culpándolos de la derrota por su incompetencia y deslealtad hacia la patria andalusí.

El pueblo pudo comprobar in situ, la magnitud iracunda y rencorosa del califa, en los cuerpos crucificados de los militares dispersos por cada rincón de la ciudad, denigrándolos en su fe, para escarnio del ejército sarraceno, muriendo avergonzados al tratarlos como cristianos.

Nunca más volvió a participar en aceifas, y nunca más, volvió a nombrar al general qa ´id Salem por miedo a que éste se apareciera.

# XXIIII

Ocho meses después de la batalla tras un invierno heladero, las flores volvieron a colorear los campos y ciudades de Al-Ándalus, revitalizando el ánimo personal con aromas primaverales. Sobre todo el ánimo de Amira, que entristecida sinceramente por la muerte de Salem, guardaba el blanco luto de la viudedad, aún disfrutando con su amado Abdul los goces del amor, en un secreto a voces.

Por eso cuando contrajeron nupcias, nadie se sorprendió, acogiéndolos en el seno de la sociedad cordobesa con honestidad.

El patio de Salem, se volvió a convertir en el lugar escogido para una ceremonia. Solo que esta vez Amira y Abdul, decidieron que fuera íntima sin celebraciones, vestidos con sencillas túnicas, por respeto a sus aliados en el amor, que jamás gozarían de la misma oportunidad contrayente.

Como testigos del enlace, Hassan y Sara, estrenando la paternidad de una preciosa niña a la que honraron poniéndole el nombre de Olivia, con intención de darle un hermano de nombre Salem, como homenaje a sus amigos.

Desde el trágico día del eclipse, Hassan y Abdul disfrutan de una cómplice camaradería, ya que el recorrido de vuelta a casa heridos, les sirvió para conocerse hasta en los resquicios más íntimos de su personalidad. Cuidándose el uno al otro, floreció entre ellos una confianza perdurable en el tiempo, contagiando a sus parejas de esta nueva amistad.

Ambos, dejaron las armas por la falta de fe en el gobierno para dedicarse al comercio, invirtiendo la herencia que Salem había dejado a Hassan como amigo, y a Amira como esposa, los cuales, tenían siempre presentes a Olivia y Salem en sus oraciones.

En el momento en que Amira y Abdul se prometieron amor eterno, el piar de dos halcones planeando el inmenso azul, hizo eco sobre sus cabezas, llamando la atención de las dos parejas, que miraron al cielo sonriéndole a las almas de sus amigos.

La gloria de Al-Ándalus solo duraría unos años más frente al avance cristiano, favorecido por las rencillas internas del califato, dividiéndose en pequeños reinos taifas, bajo el mandato de Hidham II, nieto de Abderramán, perdiendo fuerza para luchar contra la invasión cristiana, que acabó conquistando cuatro siglos después por los Reyes Católicos, el último bastión andalusí confinado en el reino nazarí de Granada.

Junio sentado en la orilla del rio, alternaba la concentración de la pesca, con las clases de alquimia, las que no le cuadraban en su cabeza, pese al empeño del maestro que Soraya contrató para educarlo, como un miembro más de la familia, destinado a ser, el médico personal de Anaken II, hijo heredero de Abderramán III.

Desde el día de la boda, no perdió de vista a unos halcones que merodeaban por su entorno, sobrevolando tejados siguiendo sus pasos.

En plena concentración pesquera, el piar de los halcones volvió a llamar su atención. Miró hacia el cielo algodonado, y de entre la luz cegadora del sol, aparecieron los halcones dirigiéndose directos hacia él. Atónito por el comportamiento de las aves, se quedó quieto esperando precavido el desenlace del suceso.

Cerró los ojos asustado, cuando los halcones posaron las garras sobre sus hombros.

—¡Por favor, por favor, por favor, que no me coman los ojos! —Repetía aterrado.

Pero al sentir dos golpecitos en la cabeza con la poca intensidad que Salem solía propinarle, emergió de su interior una ilusionada felicidad, al tener la certeza de que increíblemente, eran ellos, volviendo a sus gestos, la sonrisa perdida desde que sus amigos abandonaron la vida terrenal. Tiró la caña de entre las manos, para levantarse rápidamente gritando sus nombres entusiasmado, con los brazos abiertos.

—¡Olivia, Salem! ¡Olivia, Salem!

Los halcones revolotearon alegremente a su alrededor, girando y girando con Junio evocando días felices, en una danza festiva junto al Guadalquivir.

Cada noche, tras velar el sueño de Junio, la pareja abandonaba su cuerpo plumífero, para seguir gozando del amor espiritual entre los efluvios del hamman. Lugar donde hoy en día, siguen oyéndose suspiros placenteros, emanados de los amantes haciendo el amor, por los siglos, de los siglos.

www.ingramcontent.com/pod-product-compliance
Lightning Source LLC
LaVergne TN
LVHW051519080426
835509LV00017B/2103